华礼之光礼仪系列教材

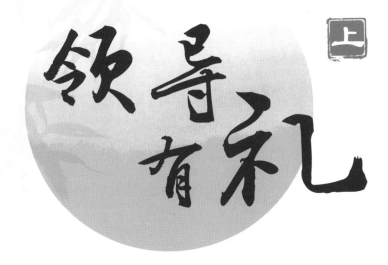

领导有礼 上

华英雄 / 主编

复旦大学出版社

编写团队老师

华英雄
礼让六尺巷——桐城派文化传播者

第三章 一见如故——热情周到的接待礼仪

第一节 眉目传情——相人于眸的注目礼仪 …… 111

第二节 如沐春风——沁人心脾的微笑礼仪 …… 114

第三节 真诚以待——彬彬有礼的握手礼仪 …… 124

第四章 温文尔雅——切切于心的通信礼仪

第一节 洋洋盈耳——声情并茂的电话礼仪 …… 135

第二节 一触即发——指尖之上的微信礼仪 …… 147

第三节 鸿雁传情——近悦远来的书信礼仪 …… 150

第五章 揖让周旋——灵活多变的出行礼仪

第一节 坐观成败——不容忽视的乘车礼仪 …… 163

第二节 进退自如——行走之间的电梯礼仪 …… 174

第三节 胸有成竹——井然有序的参观礼仪 …… 189

目 录

导论 万世师表——照彻长夜的先师孔子 … 02

第一章 礼在理中——源远流长的华夏礼仪 … 21
- 第一节 祭神祀祖——趋吉避凶的礼仪起源 … 24
- 第二节 礼者敬人——尊重为本的礼仪本质 … 36
- 第三节 礼仪三百——威仪三千的礼仪类别 … 52

第二章 身正为范——正己正人的形象礼仪 … 61
- 第一节 三庭五眼——容光焕发的仪容礼仪 … 64
- 第二节 以貌取人——端庄协调的仪表礼仪 … 74
- 第三节 举手投足——大方得体的仪态礼仪 … 94

礼的核心——敬

仪的核心——畏

乐的核心——和

礼乐文化是中华民族的独特创造，也是领导干部必备的修养！

领导者须知

公开的庆祝活动是领导者强化价值观和认可个人贡献的重要机会，而礼和乐都是仪式中不可或缺的要素！

导论
万世师表——照彻长夜的先师孔子

古语导读

天不生仲尼，万古如长夜。

孔子（前551—前479），子姓，孔氏，名丘，字仲尼，鲁国陬邑人（今山东曲阜），祖籍宋国栗邑（今河南夏邑），中国古代大思想家、大教育家。孔子开创了私人讲学的风气，是儒家学派的创始人。

"天不生仲尼，万古如长夜"，此语出自汇辑南宋朱熹（1130—1200）讲学语录的《朱子语类》卷九十三。但是，朱熹在这句诗后面紧接着说了一句话："唐子西尝于一邮亭梁间见此语"。唐子西名为唐庚（1069—1120），字子西，眉州（今四川眉山）人。《唐子西文录》记载："蜀道馆舍壁间题一联云：'天不生仲尼，万古如长夜'，不知何人诗也。"唐子西作为该诗句目击者，尚不知何人所作，所以一般认为是宋朝佚名诗人之句。

背景阐述

01 至圣先师——"天不生仲尼，万古如长夜"深义何在？

孔子以降，无论学术界，还是官方与民间，均已公认，孔子的道德思想可以概括为"成圣之学"，亦即以一种理想的人格魅力作为道德实践的最高境界。可以肯定的是，儒家思想的全部内容和思维方式都是围绕着成圣之路而展开的。儒家思想的落实必然要求在现实生活中有一个可以承担这一理想的社会群体。在儒家思想体系里，能够承载儒家的道德理想、躬行儒家道德规范的现实主体就是君子。在"四书"之一的《论语》中，孔子很多次把君子人格作为生活的楷模和实践的目标来教育自己的学生。他常常将君子与小人并列论述，以此表达自己的价值倾向与道德追求。"君子之德风，小人之德草，草上之风必偃"；"君子周而不比，小人比而不周"；"君子成人之美，不成人之恶。小人反是"。如此等等，均是对弟子最好的教育与最美的祝愿。无怪乎孔门弟子子贡说："君子之过也，如日月之食焉：过也，人皆见之；更也，人皆仰之。"正是他把孔子比作日月："他人之贤者，丘陵也，犹可逾也；仲尼，日月也，无得而逾焉。"

合"日"与"月"则为"明"，古人常以日月之明比圣人之德性明亮世间，所以太史公曰："天者，高之极也；地者，下之极也；日月者，明之极也；无穷者，广大之极也；圣人者，道之极也。"唐张守节《正义》云："言人有礼义，则为圣人，比于天地日月，广大之极也。"《中庸》正是赞孔子之德如日月之明："仲尼祖述尧舜，宪章文武。上律天时，下袭水土。辟如天地之无不持载，无不覆帱。辟如四时之错行，如日月之代明。"

孔子的社会理想是天下大同：人民的基本需求必须得到满足；财富分配必须均衡。教育的普及和重要性。这样的社会，就是大同社会，是中国古代儒家所宣传的最高理想社会。大同社会是全民向往的社会制度，有选贤与能的管理体系、讲信修睦的人际关系、人得其所的社会保障、人人为公的社会道德、各尽其力的劳动态度。孔子的思想，穿越了时间，跨越了空间，提出了关于人类社会的终极理想，故曰："天不生仲尼，万古如长夜。"

02 万世景仰——孔子为什么被奉为"万世师表"？

孔子穷其毕生之力，强调仁爱与道德，以期恢复社会的安宁与和谐，达致天下太平。他的思想和学术与现实生活紧密结合，令人确信他是中国历史上影响最为深远的人物。他所创立的儒家思想，两千多年以来，无时无刻不在影响着每一个中国人。他的思想已经注入了中国人的血液里，成了每一个中国人的文化基因。几千年来，孔子其人及其思想几经沉浮，或被奉为圣人，或被贬为秕糠。但不可否认的一个客观事实是，孔子创立的"仁"

学模式，已使人们的观念、行为、习俗、信仰乃至情感，无形之中受到影响、得以改变。

儒家传统文化不仅是中华民族文化认同的基础，它的影响也早已超出了民族文化的范围。孔子的学说及思想不但是中国的，更是世界的，至今仍对一些国家也产生着重要影响。1988年1月，全球诺贝尔奖获得者在法国巴黎举行会议后发表宣言，其中说道："如果人类要在二十一世纪生存下去，必须回头二千五百年，去吸收孔子的智慧。"这足以说明，孔子无愧于"万世师表"的称号！

03 古圣先贤——"儒家四圣"指的是哪四位圣贤？

至圣孔子，复圣颜回，宗圣曾子，亚圣孟子。

04 安邦定国——"半部论语治天下"是怎么来的？

"半部《论语》治天下"的典故，最早出自朱熹谢世之后，一个叫林駧（具体生卒年未详）的人所撰《古今源流至论》前集卷八《儒吏》所记："赵普，一代勋臣也，东征西讨，无不如意，求其所学，自《论语》之外无余业。"赵普所学的书籍，除了《论语》之外，没有别的了。在这段话下面，有个小注，写着这样的话："赵普曰：《论语》二十篇，吾以一半佐太祖定天下。"与这个典故有关的另一位人物，是与林駧生活在同一时代的罗大经（约1196—1252年）。在其所撰《鹤林玉露》中有这样的记载:"杜少陵诗云:'小儿学问止《论语》,大儿结束随商贾。'盖以《论语》为儿童之书也。赵普再相,人言普山东人,所读者止《论语》……太宗尝以此语问普,普略不隐,对曰:'臣平生所知,诚不出此。昔以其半辅太祖定天下,今欲以其半辅陛下致太平。'"这个记载说明《论语》在当时"为儿童之书",当过私塾先生的赵普自然熟悉。罗大经在此比林駧在《儒吏》中所记载的话,除了前半句的文字有所不同外,还多了后半句"今欲以其半辅陛下致太平",并且说明了具体时间,是"赵普再相"后,人们说赵普所读的书就只有《论语》,于是宋太宗就此问赵普,赵普毫不隐瞒,并说出上面的话。

05 祭神如在——孔庙是用来祭祀孔子的吗?

孔庙,又称夫子庙,通常称为文庙,本是中国纪念孔子、供后人祭祀孔子的庙宇式建筑,自汉帝"罢黜百家、独尊儒术"后成为借以宣传儒家思想的场所。孔庙的历史可以追溯到孔子逝世的第二年,即周敬王四十二年(鲁哀公十七年,公元前478年)。当时孔子的弟子将其"故所居堂"立庙祭祀,庙屋三间,内藏衣、冠、琴、车、书等孔子遗物,并按岁时祭祀。此即中国最早和最大的孔庙,现在的曲阜孔庙。

所有被列入国家祭典的庙宇都是礼制庙宇。此外,还有孔子后代的家庙、孔子活动过的地方所建的纪念性庙宇,以及书院内的祭祀庙宇等非礼制庙宇。作为礼制庙宇的孔庙多与地方官学结

导论 ■ 万世师表——照彻长夜的先师孔子

合,亦即"庙学一体",布局主要分为前庙后学、左庙右学、右庙左学等形式。主要建筑一般都有万仞宫墙、泮池、礼门、义路、大成门、棂星门、大成殿、东西两庑、崇圣祠、明伦堂等几部分,有的孔庙还设有乡贤祠、名宦祠、孝子祠等。一般都是三进院(曲阜孔庙是九进院),也有一些孔庙是两进院。

● 每年9月28日,华老师带着传礼大使们祭拜孔子 ●

华礼观点

01 母仪天下——孔子的母亲对孔子有什么影响?

孔子出生于公元前551年,因孔母颜征在曾在尼山祈祷才有身孕,父母给孔子起名为丘,字仲尼。"仲"是排行老二之意,"尼"指尼山。孔子约三岁时,其父叔梁纥病故。后来颜征在变卖了所有家产及首饰，带着孔子从穷乡僻壤的鄹邑之地，迁往当时国都曲阜的阙里定居，当时家境十分贫寒。

孔母的父亲，即孔子的外公，是个饱学之士，在那个年代，同样可以让女儿识字知礼。在父亲的影响与传授之下，颜征在积累了丰厚的识见与学养。她把父亲家的书籍搬到了自己的新家，准备在儿子满五岁的时候教他念书。她先收了五个小孩子，在自己家教孩子们习字、算术和唱歌三门功课，同时也教孩子们学习礼节和仪式，以此得到每位学生家的学资——五斗小米和一担干柴，足以养活母子两人。

孔丘不到六岁就开始跟班学习。由于孔母的悉心教育，不到十岁的小孔丘，已经成为同窗学习的佼佼者。孔母的这一段家教生涯，以及自己帮助别人学习的经历，对孔子日后兴小私学，起到了直接的影响。

按照当时的规矩，童子十岁就要外傅（外出求师）。孔母于是关闭了自己的小学堂，把小孔丘送到城内最好的学堂，学习诗歌、典籍、历史等功课，即被后世称为《诗》《书》《礼》《乐》的内容。在当时学堂称为"庠"，属于官办学府，集中了鲁国最优秀的教师，实施相当严格的教育。因颜氏家族与鲁国国君是同宗关系，孔子以一个贵族子弟的身份，在学堂里受到贵族式的教育，这使得孔子从小就受到了良好的教育。

可以这么说，如果没有孔母的母仪天下，就没有孔子后来的传世功绩。因为她的难能之举，才成就了一位中国乃至世界

导论 ■ 万世师表——照彻长夜的先师孔子

上最伟大的教育家、思想家。所以说孔母是孔子背后一位伟大的女性。

02 伦理纲常——"三纲五常"指的是什么？

三纲：君为臣纲，父为子纲，夫为妻纲。五常：仁、义、礼、智、信。三纲五常是中国儒家伦理文化中的重要思想，儒家通过三纲五常的教化来维护社会的伦理道德、政治制度，在我国社会中起到了极为重要的作用。

三纲、五常两词，出自西汉董仲舒的《春秋繁露》一书。但作为一种道德原则、规范的内容，它源于先秦时期的孔子。孔子曾提出了君君、臣臣、父父、子子和仁义礼智等伦理道德观念。孟子进而提出"父子有亲、君臣有义、夫妇有别、长幼有序、朋友有信"的"五伦"道德规范体系。董仲舒作了进一步的发挥，提出了三纲原理和五常之道。

03 言传身教——孔子是怎样感染学生的？

孔子在教学中既重言传，又重身教。

其一，孔子以好学求知感染学生。《论语》开篇即讲："子曰：'学而时习之，不亦说乎？'"孔子从小接受母亲的熏陶，在母亲的小学堂学习，每次玩耍的玩具都是祭祀用的礼器。稍长，到曲阜城内学习，十五而志于学。"入太庙，每事问"。孔子学无常师，坚持"三人行必有我师焉，择其善者而从之，其不善者而改之"的学习原则。他向老子问礼,向郯子问官,向苌弘问乐,向师襄学琴。周游列国期间都向隐者学习。直到晚年,孔子仍然孜孜不倦地学习,以致读《易》而韦编三绝。一言以蔽之,孔子"发愤忘食,乐以忘忧,不知老之将至云尔。"

其二,孔子以仁爱德行感染学生。孔子教导学生"当仁不让于师",希望学生在担当实现仁德的重任方面,即使和老师相比,也毫不逊色。

其三,孔子以为政以德感染学生。孔子周游列国,不是为了个人得失,而是为了推行大道,实现大同世界的理想。"为政以德,譬如北辰,居其所而众星共之",即是例证。

其四,孔子以亲密无间感染学生。孔子与弟子周游列国,游学于各地,也经常和弟子开玩笑:"子之武城,闻弦歌之声。夫子莞尔而笑,曰:'割鸡焉用牛刀'。"当然也痛骂弟子。孔子的弟子宰予能说会道,言辞动听,深得孔子赏识,但后来却渐渐露出懒惰的习性。一天孔子授课,发现宰予未到,派弟子寻找后才得知宰予在睡觉。孔子便说:"朽木不可雕也,粪土之墙不可圬也。"

其五,孔子以有教无类感染学生。或启发教育,"举一隅不以三隅反,则不复也";或循循善诱,"夫子循循然善诱人"。

04 三十而立——孔子如何规划和经营自己的人生?

孔子"贫且贱",但"十五而有志于学,三十而立,四十而不惑，五十而知天命，六十而耳顺，七十而从心所欲，不逾矩"。

孔子一生中的绝大部分时间，都与教育有关，从事着传道、授业、解惑的伟大事业，其中也体现了自己的从政理念与施政思想。

孔子成人后，在季氏任会计和管理牛羊的工作。因为好学博闻，自己开始办学，到齐国求官之前的大约七八年时间里，办学初显成效，有了一定的社会名望。不过，这一时期的学生只有子路和颜路，这两位是孔子最早的学生，分别只比孔子小9岁和6岁。

从37岁到55岁之间，孔子即从齐国返回鲁国到周游列国之间，尽管曾从政四年有余，但并没有中断教学。而且名声越来越大，弟子越来越多，子贡、冉求、仲弓、颜回等弟子，大部分是在这一时期进入孔子门下的。不过后来有些弟子从政为官，有些弟子则随孔子周游列国了。

孔子68岁高龄之际，结束周游列国回到鲁国，把精力集中到整理文献典籍和办学教育上。此时他培养出了曾参、子夏、子游、子张等优秀的弟子。这些人后来都从事了教育事业，对孔子思想的发展与传播，起到了非常重要的推动作用。

孔子，不愧为一代圣人，其思想光照数千年，福泽后人，令人"高山仰止，景行行止"！

05 学礼以立——"不学礼，无以立"的渊源何在？

"不学礼，无以立"源自《论语·季氏》第十三章，原文如下：

陈亢问于伯鱼曰："子亦有异闻乎？"对曰："未也。尝独立，鲤趋而过庭。曰：'学《诗》乎？'对曰：'未也。''不学《诗》，无以言。'鲤退而学《诗》。他日，又独立，鲤趋而过庭。曰：'学礼乎？'对曰：'未也。''不学礼，无以立。'鲤退而学礼。闻斯二者。"陈亢退而喜曰："问一得三。闻诗，闻礼，又闻君子之远其子也。"

上文白话翻译如下：

陈亢问伯鱼："你在老师那里听到过什么特别的教诲吗？"伯鱼回答说："没有呀。有一次他独自站在堂上，我快步从庭里走过，他说：'学《诗》了吗？'我回答说：'没有。'他说：'不学诗，就不懂得怎么说话。'我回去就学《诗》。又有一天，他又独自站在堂上，我快步从庭里走过，他说：'学礼了吗？'我回答说：'没有。'他说：'不学礼就不懂得怎样立身。'我回去就学礼。我就听到过这两件事。"陈亢回去高兴地说："我提一个问题，得到三方面的收获：一是该学诗，二是该学礼，三是君子不偏爱自己的孩子。"

自此，在关于家庭教育方面的书籍、家训等方面，经常会引用到"不学礼，无以立""诗礼传家"这样做。

06 有教无类——孔子是怎样因材施教的?

孔子最早提出"有教无类"的教学理念，主张开展全民教育，所谓全民，就是不受种族、年龄、职位、贵贱、国别、地域等因素的限制，孔子均以仁爱之心待之，正所谓一视同仁。

孔子针对各弟子的不同特点采取不同的教育方法。正因为孔子的"有教无类"教育情怀与"因材施教"的教育方法，《论语》中关于"仁""孝""君子""小人"等方面的论述，针对不同的弟子，给予了不同的答案。正是这种开放式思维的教学，培养了许多优秀的人才。这些人才依照"孔门四科"归纳，大体如下：德行科有颜渊、闵子骞、冉伯牛、仲弓，言语科有宰我、子贡，政事科有冉有、子路，文学科有子游、子夏等。这些弟子后来都不同程度地影响了中国的文化。

07 温故知新——孔子认为创新的基础是什么?

孔子主张"述而不作，信而好古，窃比于我老彭"。自谦只是传承古代优秀文化，相信而且喜好古代的东西，私下把自己比做殷初的老彭。但是，孔子的创新不是革命，不是断代自创，而是有传承的，这样的创新才有生命力，才有价值，所以才有"温故而知新"。所谓温故，即是传承，即是保守，保守不是守旧，而是保护和守卫。知新，即是创新，创新是在把握核心思想的基础上与时俱进的顺应。总之，创新的基础是传承与温故，创新的载体是"六艺",而礼、乐、射、御、书、数,创新的方法是"学而时习之"。

08 忘年之交——"孔颜乐处"是一种什么境界?

子曰:"道不同,不相为谋。"(《论语·卫灵公》)与之相反,道同则相谋。孔子对于人生的最高境界是大同世界思想,对于个人财富而言"饭疏食饮水,曲肱而枕之,乐亦在其中矣。不义而富且贵,于我如浮云。"并且非常乐观地坚守"君子固穷,小人穷斯滥矣"的人生信条,而与孔子具有相同人生志向的颜回"一箪食,一瓢饮,在陋巷,人不堪其忧,回也不改其乐"。孔子盛赞"贤哉回也,贤哉回也!"足见老师与学生的志向是何等的相似。再者,孔子倡导仁爱之道,而颜回"三月不违仁"。而当颜回先于孔子而逝时,孔子十分痛惜:"噫,天丧予!天丧予!"孔子还对安慰他的人说:"有恸乎?非夫人之为恸而谁为?"(《论语·卫先进》)

孔颜师徒二人积极乐观的人生态度,对于生命的豁达观念,让其"乐以忘忧,不知老之将至云尔"。"孔颜乐处"对儒家思想产生了重大影响,对整个中国的思想文化也产生了非常深远的影响。

09 重温经典——"四书五经"分别指什么?

四书即《大学》《中庸》《论语》和《孟子》的统称,其中

导论 ■ 万世师表——照彻长夜的先师孔子

《大学》和《中庸》原本是《礼记》中两篇关于孔子的言论,后来朱熹把它抽出来分别独立成篇。《论语》是孔子弟子及再传弟子记录孔子言行的一本书。《孟子》是孟子的学生记录孟子与学生谈话主要内容的一本书。

五经包括《周易》《尚书》《春秋》《诗经》《礼记》,其中,《周易》为首,是讲究变化学问的书。《尚书》和《春秋》都是史书,《诗经》是孔子之前各个诸侯国和民间诗歌的总集。《礼记》则是关于礼的论述的书。

四书之名始于宋朝,五经之名始于汉武帝时期,四书五经即是儒家学说的主要典籍,是中国主流文化的核心内容,也是中国古代士子必读的书籍。

10 推崇备至——孔子的精神偶像是谁?

孔子作为儒家学派的创始人,对周朝极盛时期的社会政治制度异常向往,对为周朝做出突出贡献的周公极为景仰,推崇备至。孔子把周公视作一生追求的精神偶像。

周公,名姬旦,是周文王的儿子,周武王的弟弟,周成王的叔叔,因为周地(今陕西岐山北面)为其封地,故被称为周公,是西周初期著名的政治家和思想家。孔子把周公的仁政作为最高理政思想,以致经常梦见周公。现如今陕西岐山的周公庙门外就有石刻。

孔子从政于鲁、周游列国等等,无不是为了推行周礼,恢复西周的政治制度，推行仁政，建立西周式的国家典范，只可惜尽遇"斗筲之人"，直至年老体衰，不得不叹息道："甚矣吾衰也！久矣，吾不复梦见周公。"尽管如此，恰恰因为孔子的推崇，周公最终成为被儒家学者最为尊崇的古代圣王之一，被后人尊为元圣周公。

案例赏析

"小杖则受，大杖则走"的故事启发

孔子的学生曾参，是中国古代出名的大孝子。有一次曾参犯错了，父亲曾皙拿起大棍子就打，曾参一动不动地挨打，被当场打趴下，晕过去了。好久之后，曾参才醒过来。醒过来后，连委屈的抽泣都没有。他主动上前再次向父亲行礼下跪，说："父亲大人您可不要气坏身体啊！"曾参竟然还关心父亲，让他别为自己气坏了。

这件事情传到孔子耳中，孔子一下子就看到曾参如此行为的恶劣影响。孔子交代学生："以后曾参来见我的时候，不许让他进门。"孔子要取消曾参的孔门弟子资格。消息传到曾参耳中，曾参就很不理解了。可是作为学生，对于老师的话不敢质疑。既然老师不想见自己，那肯定是自己有错啦，于是曾参就拜托别的同学转告自己的歉意，希望老师让自己"死个明白"。

孔子就让人传话："以前的圣君大舜是怎么做人家儿子的

呢？叫作'小杖则受，大杖则走'。父亲要是找舜做事情，舜总是在身边，随叫随到；可是父亲要是想杀死舜，舜却每次都逃得远远的，怎么找都找不到。是因为大舜怕死吗？父亲发脾气打你的时候跪在那里也不知道躲开，难道这就是孝顺吗？"

案例赏析：孔子是教育曾参，作为一个人，拥有很多不同的身份，你既是一个儿子，也是一个臣民，不但要对父亲尽孝，也必须对天子尽忠。就我们现在来说，一个人不但是儿子，还是父亲，还是丈夫，还是社会的一分子，如果曾参果真被父亲打死，则陷父母于不义，也极为不妥。孔子的话说得很在理，引人深思。

趣味贴士

孔子收弟子有学费吗？

子曰："自行束脩以上，吾未尝无诲焉。"意即："只要别人愿意送十条肉干作为见面礼，我就不会拒绝收留他成为我的学生。"其实，十条干肉并不算值钱的东西，对于现代人来说近乎象征性的礼物，但是在那个年代，孔子还是设置了一定的门槛。

知识链接：《仪礼·士相见礼》说"不以挚，不敢见。"士与士相见用雉（野鸡）作为礼物，由于雉无法生养，所以一般情况下都是死雉。如果适逢炎热的夏天，则要用风干的雉，以防腐臭变质。

古人之所以用雉作为士相见的通用礼物，富有寓意。《白虎通》解释说:"士以雉为挚者,取其不可诱之以食,慑之以威,必死不可生畜,士行威介,守节私义,不当转移也。"可见,当时的士人以雉为礼物,是取雉不受非财、不惧威慑、宁死不屈的特点,来隐喻自己的节操,彰显自己的德行。

华礼语录

1. 百善孝为先,万礼孝先行。

2. 无论后人如何评价,孔子就是孔子,圣人就是圣人。

3. 孔子不仅影响历史上的中国,更影响将来的世界。

4. 孔子给中国人注入了仁爱的灵魂与基因。

5. 孔子从价值观念到理想人格,从社会结构到意识形态,从思考方式到行为模式,描绘了一幅大同世界的画卷。

6. 孔子,不仅栖身于先贤的典籍之中,端坐于官方的庙堂之上,更是牢牢地扎根于一代又一代中国人的心灵里。

7. 孔子——中华文化的代表,民族精神的化身,和谐社会的象征。

8. 孔子是思想家,体察于民情,是教育家,关怀于万世,是政治家,言谈于官府,是旅行家,观光于列国。

9. 孔子——一位宽厚仁爱的长者,一位雍容大度的君子,一位通情达理的老师,一位可亲可敬的先生。

10. 不管历代统治者曾经给他多少头衔,我们记住的孔子,就是四个字——万世师表!

第一章 礼在理中——源远流长的华夏礼仪

民俗谚语

1. 孔夫子拜师——不耻下问。
2. 孔夫子念文章——咬文嚼字。
3. 孔夫子的徒弟——闲（贤）人。
4. 孔夫子游列国——尽是理。

图片分享

中国东方礼仪研究院金山分院孔子圣像广场

第一章
礼在理中——源远流长的华夏礼仪

有服章之美谓之华，有礼仪之大故称夏。历经混沌，文明初开，华夏文明诞生，自黄帝垂衣裳而天下治以来，尧舜禅让天下，周公制礼作乐，孔子聚徒讲学，传道天下，及至后世。夏商周三代奠定了华夏文明的基石，礼书经典层出不穷，《周礼》《仪礼》《礼记》三礼为后世礼家所推崇，成为我国礼仪研究的皇皇巨著，亦是当今为政者明礼修身的基本工具书。

领导者须知

《周礼》《仪礼》《礼记》三礼亦是当今领导者明礼修身的基本工具书。

中国第一个祭孔的皇帝是谁？刘邦！

由此开创了文景之治、武帝盛世、昭宣中兴、明章之治。

祭祀礼是华夏文明的一部分，是儒学礼仪中的主要部分。礼有五经，莫重于祭，是以事神致福。

祭祀对象分为三类：天神、地祇、人鬼。

祭祀有"报本反始"含义，对于自身拥有的一切，能够心存感恩，并且因而显示谦卑恭敬之态度。一个人若是经常参与祭祀，比如每年的清明节，将可暂时摆脱世俗的功利考虑，有如在神明面前省察自己的言行与动机；一个国家若是重视祭祀，将使百姓饮水思源，存心仁厚，而不至于为了争夺现实利益而伤害公义。

领导者须知

领导者若无敬畏之心，下属怎能有道德底线？

第一节　祭神祀祖——趋吉避凶的礼仪起源

📖 古语导读

　　刘子曰："国之大事，在祀与戎，祀有执膰，戎有受脤，神之大节也。"

——《春秋左传·成公十三年》

　　祀：祭祀。戎：军礼，引申为征战。膰：古代祭祀用的熟肉。脤：古代祭祀用的生肉。"国之大事，在祀与戎"，这句话的字面意思是：国家的重大事情，在于祭祀和军礼。祭祀反映古人对于天地、神明、先祖等的敬畏和崇拜。

📑 背景阐述

01 顶礼膜拜——古代的祭祀方式有哪些？

　　古代的祭祀有献食、玉帛、用人、用血四种方法。

　　一、献食。民以食为天，最初的祭祀以献食为主要手段。《礼记·礼运》称："夫礼之初，始诸饮食。其燔黍捭豚，污尊而抔饮,蕢桴而土鼓,犹若可以致其敬于鬼神。"意思是说,祭礼起源于向神灵奉献食物,只要燔烧黍稷并用猪肉供神享食,凿地为穴当作水壶而用手捧水献神,敲击土鼓作乐,就能够把人们的祈愿与敬意传达给鬼神。研究文字的起源也发现,表示"祭祀"的字多与饮食有关。

二、玉帛。神讲究衣着饰物,祭品中少不了玉帛。《左传》载:"牺牲玉帛,弗敢加也。"《墨子·尚同》云:"其事鬼神也,圭璧币帛,不敢不中度量。"玉帛包括各种玉制礼器和皮帛,这是食物之外最常用的祭祀手段。玉在祭祀中有非常重要的作用,《周礼》里有以玉做六器以礼天地四方之说,玉是贵族佩带的宝物。正因为玉帛的稀罕与贵重,古人祭祀时以玉帛为祭品。

三、用血。血,是一种特殊的祭品。古人相信,血是有灵魂的,血能维持人或动物的生命,一旦失血,就意味着受伤甚至于死亡,好像血有一种神奇的力量。作祭品的血有人血,也有牲血。佤族历史上曾有猎人头作祭品的习俗,猎头的血迹就有神秘的意义,猎头血掺以灰烬和谷种播进地里,认为这样能促进谷物的生长。锡伯族祭祀地神时,就把杀猪后的猪血洒在地里。一些彝族人祭地时,以鸡毛醮血沾在象征土地神的树枝上。

四、用人。以人做祭品祭献神灵,古书称"用人",后世称"人祭"。人祭,不仅在原始宗教中有过,而且在往后发展阶段的宗教中也有过,这是宗教史上最黑暗的一页。

02 逝者为大——古代的祭祀的对象有些什么？

古代祭祀的对象有人鬼、天神、地祇（qí）三类。天神有三等。第一等是昊天上帝，或称天皇大帝，为百神之君、天神之首。第二等是日月星辰。第三等是除五纬、十二辰、二十八宿之外，凡是职有所司、有功于民的列星，都是被祭祀的对象。

03 三叩九拜——古代的祭祀从哪几方面规定呢？

古代祭祀主要从礼、法、情、俗四方面综合考虑。礼，就是礼义，礼的本来要义；法，就是律法，是政治手段；情，就是人情世故，人之常情；俗，就是约定俗成，民俗习惯。

04 慎终追远——古代的祭祀的次数有规定吗？

古代祭祀依礼而行，夏商以来，祭祀不断。过多的祭祀不但劳民伤财，而且影响正常的生产生活。周公制礼作乐，对祭祀礼仪的次数都做了规定，不宜过多，祭祀太多，就是淫祭。

05 瑚琏之器——古代祭祀的礼器有哪些？

古代祭祀，离不开礼器，所谓"藏礼于其器"即是借礼器而传达礼义信息。礼器主要有食器、乐器、玉器等几大类。食器通常有：鼎、俎、簋、簠、笾、豆、尊、壶、罍、爵、觯、卣、缶、瓿、觥、盘和匜等。乐器通常有：钟、磬、鼓、柷、敔、瑟、笙、钟和镈等。玉器通常有：璧、琮、圭、璋、琥、璜等。

华礼观点

01 趋吉避凶——何谓祭祀？

祭祀是祀神、供祖或以仪式追悼死者的通称。

02 肃然起敬——何谓祭门？

祭门就是宗庙之门，另有阙门，在祭门之外。

03 庄严肃穆——何谓祭文？

祭文是一种文体名，在告祭死者或天地、山川等神祇时所诵读的文章，体裁有韵文和散文两种，内容主要为哀悼或祷祝之词。

04 各司其礼——何谓祭司？

祭司指专职掌管祭神活动的人。源于原始社会后期，原始宗教发展到较完备阶段时宗教活动的主持者。一般被认为具有在神人之间作中介的职能。在原始宗教中有时同巫师并存，进入阶级社会后，祭司基本取代巫师，并形成整套的祭司等级体质。近代宗教中的祭司系由宗教职业人员担任。

05 礼教森严——何谓祭台（坛）？

祭台亦称"祭坛"，指献祭的坛或礼拜活动的中心。在原始宗教，天然岩石、一块或一堆石头或一座土丘即可当作祭台。随着庙宇祭献制度的发展，出现了用石或砖垒成的祭台，在其上屠宰牺牲，让血自然从其上流下，也可能在其上烧肉。在古希腊庙宇中，有在平地挖沟或坑当作祭台的；也有一些宗教以供桌代替祭台。

06 蹈矩循规——何谓祭酒？

祭酒是指古代飨宴时酹酒祭神的长者。后亦泛称年长者或位尊者。

07 以舞通神——祭祀的舞蹈有哪些？

祭礼舞蹈起源于原始社会的图腾崇拜舞蹈和巫术仪式舞蹈，在原始宗教中，人们把与自己氏族有密切联系的动物和植物作为自己氏族的族徽或图腾标志，把其奉为自己的祖先或保护神，在图腾崇拜的仪式中，人们用舞蹈颂扬祖先和神明的功绩，以求神明的庇祐。

08 德音雅乐——祭祀的音乐有哪些？

《诗经》的组成部分。包括《周颂》31篇，《鲁颂》4篇，

《商颂》5篇，共40篇，合称"三颂"。近代学者也多以为《颂》是宗庙祭祀之乐，其中有一部分是舞曲。

《颂》主要是周王和诸侯用于祭祀或其他重大典礼的乐歌，其内容多宣扬天命，赞颂祖先的功德。《昊天有成命》便是强调天命、歌颂成王的诗。《鲁颂》的《泮水》《閟宫》也是颂美祖先的诗歌。《商颂》5篇都是宗庙祭歌，也充满了祝颂之辞。《颂》诗中也有一些反映当时农、牧、渔业生产情况的作品。如《周颂》的《臣工》《噫嘻》《丰年》《载芟》《良耜》等一些春夏祈谷、秋冬报赛的祭歌，对西周农业生产的情况和规模都有具体的描述。

09 敬天爱民——何谓公祭？

公祭，指政府或公共团体为向英灵、逝者表示致敬、缅怀、哀悼而举行的祭奠。赞扬亡者在世时所付出的伟大功迹及贡献与后代子孙对亡者的永怀追思。

10 俯首示敬——何谓五体投地？

两手、两膝和头一起着地。是古印度佛教一种最恭敬的行礼仪式。现用来表示尊敬，比喻佩服到了极点。

11 敬民敬神——《九歌》作为祭祀诗和《诗经》中的祭祀诗最大的区别是什么？

《九歌》是屈原在楚地民间祭歌的基础上创作的一组诗歌，

因为来自楚地民间，故具有鲜明的民间文学特色和地域特色：在内容上强调"娱神"，想象奇特，在形式上比较自由，在文字上跌宕起伏，多用语气词"兮"。

《诗经》中的祭祀诗主要是郊庙祭歌，因为主要是王室或诸侯祭祀祖先时用，故在内容上强调"敬神"，在形式上要求严肃庄重，在文字上多堆砌、藻饰。

案例赏析

"汉武帝祭泰山"的故事启发

汉武帝元封元年（前110）三月，汉武帝率群臣东巡，至泰山，派人在岱顶立石。之后，东巡海上。四月，返至泰山，自定封禅礼仪：至梁父山礼祠"地主"神；其后举行封祀礼，在山下东方建封坛，高九尺，其下埋藏玉牒书；行封祀礼之后，武帝独与侍中奉车子侯登泰山，行登封礼；次日自岱阴下，按祭后土的礼仪，禅泰山东北麓的肃然山（在今莱芜市寨里镇王许村）。封禅结束后，汉武帝在明堂接受群臣的朝贺，并改年号元鼎为元封，割泰山前嬴、博二县奉祀泰山，名奉高县。

故事启发：汉武帝祭祀泰山，显示了一个国家的稳定与繁荣，同时也是对天地、山川、河流的敬畏。

另外，必须提到的是，汉高祖刘邦是历史上第一位祭祀圣人孔子的皇帝。

第一章 礼在理中——源远流长的华夏礼仪

📋 趣味贴士

"八佾舞于庭"的故事

《论语·八佾》开篇即讲:"孔子谓季氏,'八佾舞于庭,是可忍也,孰不可忍也?'"孔子评论季氏说:"周天子的八佾舞蹈在自己家的庭院里跳,这件事如果可以容忍的话,还有什么事情是不可以容忍的呢?"

故事启发:孔子所处的时代奏乐舞蹈是一种礼仪,在仪式乐舞中"天子用八、诸侯用六、大夫用四、士用二",有着严格的规定。根据社会级别的不同而不同。大致有天子、诸侯、大夫这样几个级别,按级别规定天子使用八佾,也就是八行,八八六十四人的;诸侯使用六佾,也就是六行,六八四十八人的;大夫用四佾,也就是四行,三十二人的。季氏的地位是大夫,应该用四佾,却用了八佾。孔子认为季氏僭越了礼节,是绝不能容忍的,所以才说,这样的事都能容忍,还有什么事情不能容忍呢。我们可以看到季氏的胆大妄为。此章所言的"忍"可以从两个角度来理解:一是季氏的行为对别人而言,不能忍受;另一个角度是对季氏自己而言,他可以做出这样越礼的事情,就没有什么事情做不出来了。

📖 华礼语录

1. 致敬之式,其仪九等:一、发言慰问,二、俯首示敬,

三、举手高揖，四、合掌平拱，五、屈膝，六、长跪，七、手膝踞地，八、五轮俱屈，九、五体投地。"——唐·玄奘《大唐西域记·三国》

2. 长安清明好时节，只宜相送不宜别。恶心床上铜片明，照见离人白头发。——唐·王建《长安别》

3. 礼有五经，莫重于祭。

4. 神不歆非类，民不祀非族。

5. 恭谨如同祭祀神——元·马钰《战掉丑奴儿》

6. 一体君臣祭祀同——唐·杜甫《咏怀古迹五首》

7. 清明时节雨纷纷，路上行人欲断魂。——唐·杜牧《清明》

8. 强者无敌，慈悲为怀；弱者无能，跪佛求生。

9. 蜡烛，酷热的清明，加上你烘炙的火焰，共奏出一曲让先人幽魂欣慰的乐曲。

10. 缅怀先祖恩德，永世不忘；继承祖上基业，后继有人。

民俗谚语

1. 为人不做亏心事，不怕半夜鬼敲门。

2. 菩萨跺脚——妙（庙）极（急）了。

3. 菩萨头上冒烟——好神气。

4. 跑了和尚跑不了庙。

5. 大水冲了龙王庙——一家人不认一家人。

第一章 礼在理中——源远流长的华夏礼仪

图片分享

祭孔大典

领寻有礼

山西临汾尧王台祭拜尧帝

《汉服礼仪》展演

大槐树祭祖寻根

《礼记·仲尼燕居》中，子游问孔子："敢问礼也者，领恶而全好者与?" 礼的作用是去除坏的而保全好的吗？孔子回答"是"，并对此作了一个阐释，最后说礼"事之治也"。在这里，领就是治，领恶，就是去除不好的事情、不好的行为。

领导者须知

在形象上，领就是领袖，导就是导师！
在工作中，领就是引领，导就是引导！
如何引领？如何引导？
礼仪就是工具！

第二节 礼者敬人——尊重为本的礼仪本质

📖 古语导读

《曲礼》曰：毋不敬，俨若思，安定辞，安民哉。

——《礼记》

《曲礼》说：（凡是）不要不严肃认真，（神情）庄重若有所思，说话态度安详、言词确定，这样就可以使民众安定了。

📄 背景阐述

01 儒家三礼——《周礼》《仪礼》和《礼记》分别是什么性质的书？

"三礼"即是《周礼》《仪礼》和《礼记》，是我国古代文化的理论形态，对我国礼法、礼义作了最权威的记载和解释，对历代礼制的影响最为深远。

《周礼》是儒家经典，世传为西周时期的著名政治家、思想家、文学家、军事家周公旦所著，今从其思想内容分析，则说明

第一章 礼在理中——源远流长的华夏礼仪

儒家思想发展到战国后期，融合道、法、阴阳等家思想，相对于春秋孔子时思想发生极大变化。《周礼》是一部通过官制来表达治国方案的著作，内容极为丰富。《周礼》六官的分工大致为：天官主管宫廷，地官主管民政，春官主管宗族，夏官主管军事，秋官主管刑罚，冬官主管营造。冬官篇已亡，汉儒取性质与之相似的《考工记》补缺。《周礼》所记载大至天下九州，天文历象；小至沟洫道路，草木虫鱼，凡邦国建制，政法文教，礼乐兵刑，赋税度支，膳食衣饰，寝庙车马，农商医卜，工艺制作，各种名物、典章、制度，无所不包，堪称为上古文化史之宝库。

《仪礼》是现存于世最早的关于礼仪的典籍，在"三礼"中，成书最早，并且首先取得经的地位，是礼的本经。这是中国春秋战国时代的礼制汇编，共十七篇，内容记载周代的冠、婚、丧、祭、乡、射、朝、聘等各种礼仪，以记载士大夫的礼仪为主。在古代中国，中华民族的祭祀等原始宗教仪式并未像其他一些民族那样发展成为正式的宗教，而是很快转化为礼仪、制度形式来约束世道人心，《仪礼》便是一部详细的礼仪制度章程，告诉人们在何种场合下应该穿何种衣服、站或坐在哪个方向或位置、第一，第二，第三，……，每一步该如何去做，等等，成为指导礼仪形式的一本专著。

《礼记》又名《小戴礼记》《小戴记》，据传为西汉礼学家戴圣所编，是中国古代一部重要的典章制度选集，共二十卷四十九篇，主要记载了先秦的礼制，体现了先秦儒家的哲学思想（如天道观、宇宙观、人生观）、教育思想（如个人修身、教育制度、教学方法、学校管理）、政治思想（如以教化政、大同社会、礼制与刑律）、美学思想（如物动心感说、礼乐中和说），是研究先秦社会的重要资料，是一部儒家思想的资料汇编。

《礼记》章法严谨，映带生姿，文辞婉转，前后呼应，是"三礼"之一，同时也是"五经"和"十三经"之一。自西汉郑玄作"注"后，《礼记》地位日渐提升，至唐代时尊为"经"，宋代以后，位居"三礼"之首。《礼记》中记载的古代文化史知识及思想学说，对儒家文化传承、当代文化教育和德性教养有重要影响。

02 礼者敬人——古语导读中"毋不敬，俨若思，安定辞，安民哉"深义何在？

《礼记》开篇所讲"毋不敬，俨若思，安定辞，安民哉"奠定了礼的核心所在，即礼者，敬人也。态度敬人，具体表现为思考严谨，说话语气安详，给人以安定稳重之感。正是表达了"非礼勿言，非礼勿动，非礼勿听，非礼勿视"的核心思想与规范要求。

03 礼学大宗——《礼记》在历史上的地位如何？

《礼记》的文字常与《周礼》《仪礼》联系，可以说是连接《周礼》与《仪礼》的通道，所以常被学者津津乐道。宋明大儒学者对《礼记》都很推崇。《大学》《中庸》更是被朱熹从《礼记》中抽出，独立成书，可见其历史地位的重要性，自无须多言。

04 人本主义——《礼记》的人文关怀体现在何处？

夏商时期，我国依然处在神本思想年代，自周以来，开始向人本思想转变，礼的灵魂，便是西周以来的人本主义思想。《礼记》通过对历史过往的事件，做了相应的阐述。对历史事件以"礼"与"非礼"来判断为政得失。如："君子不夺人之丧，亦不可夺丧也。"君子不可夺别人守丧的哀情，也不可被人剥夺守丧的哀情，即是对逝者的哀戚与怀念，此人之常情。再如：孔子曰："凶年则乘驽马，祀以下牲。"孔子说："灾荒年就乘下等马，祭祀降低一等用牲。"这便是爱民惜物的具体表现。如此等等，不一而足。

05 推重备至——历史上哪些儒家学者推崇《礼记》一书？

《礼记》自两汉以来，得到许多学者的推崇。唐代有韩愈、陆德明、孔颖达，宋代有程颢、王安石、张载、朱熹、卫湜，明代有柯尚迁，朱升，宋儒，元儒陈澔，明胡广，清儒纳兰性德、李光坡、方苞、朱轼、朱彬、孙希旦等。

华礼观点

01 新安理学——朱熹对中国理学的伟大贡献在哪里？

南宋推崇程朱理学。理学家重视对理欲、心物、义利、道德、天人及其关系的逻辑论证，著述宏富，提升了徽州文化的理性思维，培养了深厚的理性主义传统。朱熹提出了"天理""气""格物致知""知行为一"等一系列重要思想范畴。他认为"理"是至高和包罗一切的，故称"理学"。朱熹广收弟子，亲自讲学，门生遍布各地，有学术成就、政治建树者颇多，这使朱熹学派成为理学史上最有势力的学派。他曾三度回徽省亲，每次逗留数月，所以徽州从其学者甚众。程朱理学成为徽州正统的学术思想，徽州学者对程朱理学更是坚信不移。

02 敬天爱人——古人是如何与天地鬼神相处的？

古人通过祭祀来实现与天地鬼神相处，平日坚持"敬鬼神而远之"的态度，"不语怪力乱神"，但是，每逢祭祀之时，保持"祭神如神在"的敬畏之心。但是并不淫祭，"非其鬼而祭之，谄也"。

03 亲亲为大——古人是如何做到孝敬父母长辈的？

古人有"天地君亲师"之说，敬天，即对天地有敬畏之心，爱人，即对国君、父母、老师的爱戴。从小教会孩子们与长辈相处和颜悦色，避免给父母脸色看，要处理好和兄弟姐妹的关系，做到"首孝悌"。并教孩子"身体发肤，受之父母，不敢毁伤"的观念，爱惜自己的身体。长大成人后，要奉养父母，"犬马皆能有养，不敬，何以别乎？"，及至父母离世，要"葬之以礼，祭之以礼"，并需守丧三年，"夫三年之丧，天下之通丧也"，并做到"三年无改于父之道，可谓孝矣"，等到自己老死之后，也需要"扬名于后世，以显父母，孝之终也"。

04 尊师重教——古人是如何对待老师的？

我国是崇尚尊师重教的国家。古代小孩入学，都要行拜师礼。拜师礼一般在祠堂或学堂举行，仪式开始，学生先向祖师爷磕头，然后分别向老师（师父）、引荐师、师伯、师叔磕头认师。最后拜见各位师兄。行礼完毕，设宴款待。按照传统礼仪，这种师徒关系如同父子，即"一日为师，终生为父"。有时候，家族中最长者，带领全家人向老师磕头行礼，以显恭敬之心。

05 四海兄弟——古人是如何培养孩子与人相处的？

尊重，是与人交往的前提。古代家庭，从小教导儿童诵习经典读物，如《三字经》《弟子规》《论语》等，通过经典的熏陶，使孩子懂得与人相处的道理。再者，古代多数家庭有家训、家规、家祠，这都是教育孩子的最好教材和最好场所。第三，孩子在家，每逢过年过节，都是对小孩进行教育的好时机，如清明和冬至，带领孩子祭祖拜神，中秋节和重阳节教孩子尊重长辈老人等，都是很好的教育手段；孩子长大上学，除了在学堂学习之外，还会跟随先生外出游学，在游学的过程中，增长社会见识，提高社会认知能力与沟通能力。

06 至诚感通——《二十四孝图》对当今社会的深远意义何在？

《二十四孝图》在今人看来，有些孝是愚蠢的，不合情理的，但是我们要通过故事看本质。何谓本质？本质就是"至诚感通"，"孝悌之至，通于神明，光于四海，无所不通"。透过现象看本质，通过故事，了解初衷，这才是《二十四孝图》的深意所在。由传统的《二十四孝图》取其丰富的表现形式，创造出来的《新二十四孝图》，从关爱老年人的生活起居、精神面貌等各个方面讲述了关爱老年人的准则。这在当今社会产生了一定的良好的影响，在一定程度上规范了人们的行为，为中华民族传统美德"孝"的传播、推广起到了积极的作用。这也正是《二十四孝图》存在的现实意义。

07 里仁为美——举孝廉制度始于何时？

孝廉，即孝子廉吏。举孝察廉原为察举二科，汉武帝元光元年初令郡国举孝廉各一人，即举孝举廉各一人。在两汉通常的情况下，孝廉则往往连称而混同为一科。孝廉一科，在汉代属于清流之目，为官吏晋升的正途，汉武帝以后，迄于东汉，不少名公巨卿都是孝廉出身，对汉代政治影响很大。

被举人的资历，大多为州郡属吏或通晓经书的儒生。被举孝廉后的任用升迁情况，在中央以郎署为主，再迁为尚书、侍御史、侍中、中郎将等官；在地方的则为令、长、丞，再迁为太守、刺史。察举孝廉，为岁举，即郡国每一年都要向中央推荐人才，并有人数的限定。汉武帝以后，察举一途成为入仕的正途，举孝廉亦成为一种政治待遇和权力。但鉴于各郡国人口多少不同而名额相同造成的不公平，故至东汉和帝永元之际，又改以人口为标准，人口满二十万每年举孝廉一人，满四十万每年举孝廉两人，以此推之；人口不满二十万，每两年举孝廉一人；人口不满十万，每三年举孝廉一人。

08 孝德之本——《孝经》一书的成书情况是什么样的呢？

《孝经》是中国古代儒家的伦理学著作。传说是孔子自作，但南宋时已有人怀疑是出于后人附会。清代纪昀在《四库全书总目》中指出，该书是孔子"七十子之徒之遗言"，成书于秦汉之际。自西汉至魏晋南北朝，注解者及百家。现在流行的版本是唐玄宗李隆基注，宋代邢昺疏。全书共分18章。

09 圣人之训——《弟子规》为何成为现在学校、家庭和社会教育的通用教材？

《弟子规》原名《训蒙文》，为清朝康熙年间秀才李毓秀所

作。后经清朝贾存仁修订改编,并改名为《弟子规》。成为现在学校、家庭和社会教育的通用教材,有如下几点原因:

第一,有经典出处依据,思想正确。其内容采用《论语》"学而篇"第六条"弟子入则孝,出则悌,谨而信,泛爱众,而亲仁,行有余力,则以学文"的文义。

第二,文字以三字一句、两句一韵编撰而成,朗朗上口,便于记忆,便于传播。

第三,字数不多,且没有太多生僻字,但信息涵盖量很大,高度浓缩。全文共360句,分为七个部分:孝、悌、谨、信、爱众、亲仁、学文,前六项属于德育修养,后一项属于智育修养。

第四,简便易学,易于施行。全书列述弟子在家、出外、待人、接物与学习上应该恪守的守则规范,特别讲求家庭教育与生活教育的践行,是亲子教育的好教材。

第五,符合当下我国所提倡的传统文化回归的大环境,《弟子规》是礼仪普及的一本简便易学的小手册。

10 阴阳之道——古代社会教育真的是歧视女性吗?

古人云:"闺阃乃圣贤所出之地,母教为天下太平之源。""治国平天下之权,女人家操之大半,盖以母教为本也。"自古以来,母教为家庭教育的重中之重,是孩子童蒙养正的根本保证。

古人亦云："教子为治平之本，而教女更为切要。盖以世少贤人，由于世少贤母。有贤女，则有贤妻贤母矣。有贤妻贤母，而其夫与子之不为贤人者，盖亦鲜矣。其有欲挽世道而正人心者，当致力于此焉。"所以，当我们慨叹"人心不古，世风日下"时，应当反观我们的家庭教育，尤其是母教是否得力。家庭是社会的细胞，只有每一个家庭都稳定了，社会才会安定。

"相夫教子，乃女人之天职。"如果太太能够对先生和家庭多一点照顾，就会逐渐培植起家庭的根本之道。

案例赏析

"程门立雪"

"程门立雪"这个成语家喻户晓。它出自宋代著名理学家将乐县人杨时求学的故事。

杨时从小就聪明伶俐，四岁学习，七岁就能写诗，八岁就能作赋，人称神童。他十五岁时攻读经史，熙宁九年登进士榜。他一生立志著书立说，曾在许多地方讲学，备受欢迎。居家时，长期在含云寺和龟山书院潜心攻读，写作教学。

有一年，杨时赴浏阳县令途中，不辞劳苦，绕道洛阳，拜师程颐，以求学问上进一步深造。有一天，杨时与他的学友游酢，因对某问题有不同看法，为了求得一个正确答案，他俩一起去老师家请教。

领导有礼

时值隆冬,天寒地冻,浓云密布。他们行至半途,朔风凛凛,瑞雪霏霏,冷飕飕的寒风肆无忌惮地灌进他们的领口。他们把衣服裹得紧紧的,匆匆赶路。来到程颐家时,适逢先生坐在炉旁打坐养神。杨时二人不敢惊动老师,就恭恭敬敬侍立在门外,等候先生醒来。

这时,远山如玉簇,树林如银妆,房屋也披上了洁白的素装。杨时的一只脚冻僵了,冷得发抖,但依然恭敬侍立。过了良久,程颐一觉醒来,从窗口发现侍立在风雪中的杨时,只见他通身披雪,脚下的积雪已一尺多厚了,赶忙起身迎他俩进屋。后来,杨时学得程门立雪的真谛,东南学者推杨时为"程学正宗",世称"龟山先生"。

故事启发:"程门立雪"的故事,证明了我国自古以来,就有尊师重教的民族传统美德。后来,这个故事成为尊师重道的千古美谈,流传至今,教育了无数莘莘学子。

趣味贴士

"易子而教"与"易师而求"

南宋著名的学者朱熹,有一天把儿子朱在叫到面前,严肃而又不失亲切地说:"你现在已经长大了,老待在家中是不行的,你应该到外地访求名师,以便使自己的学问更有长进。"

朱在听后,大惑不解,就说:"我经常看到许多人不远千里前来向您求教，我也曾多次听人说您是当今最有学问的人，为什么我还需要离开家另求老师呢？"

朱熹说："你还年轻，不懂得这其中的道理，让我先从自己的经历说起吧……"

原来，朱熹的父亲朱松很重视子女的教育，在朱熹刚会说话时，他就教儿子认识自然景物，并学习儒家经典。后来朱松因反对秦桧的投降卖国政策被逐出朝廷，不久含恨病逝。临终前朱松把儿子叫到面前说："你一定要努力上进啊，胡原仲、刘致中、刘彦冲三人学识渊博，根基深厚，才学远在爹之上，我死之后，你一定要前去拜他们为师。"朱熹遵从父亲的教诲，后来徒步数百里求访名师，从而学问大有长进，终于成为一个学识渊博的人。

在生活方面，由于父亲朱松早逝，全靠母亲一人劳作维持生计，所以生活非常清苦，常常没有饭吃。后来朱熹做了官，并成了有名的学者，仍一直保持着勤俭节约的作风。他为官清廉，两袖清风，有时要向人家借贷才能维持生活。许多年轻人慕名远来求教，朱熹也只能拿豆麦干饭和青菜汤来招待他们……朱熹的回忆使朱在受到很大启迪。朱熹又说："一个人老待在家中，很容易被生活琐事缠住，并被亲人的温情所牵绊，这样就很难在学问上有长足的进步。自古以来，都是名师出高徒，光靠父母教诲是不够的。即使父亲的学问再大，只凭父教子学，也难以育出英才。因为父母很难做到对子女严格要求。因此，你还是应离我膝下，千里求师才对啊！一个年轻人，不到外面吃点苦，是不容易长进的。"

朱在听完父亲的解释,渐渐地明白了父亲的用意,过了几天,他就离开父母,到外地求学去了。儿子临行之前,朱熹又想到:孩子独自在外会遇到形形色色的人,而结交什么样的朋友,对孩子的成长影响甚大。他连夜提笔书写了一段话,专门告诫儿子要慎重交友,大意说:与他人交往,特别应当慎重选择朋友,虽然都是同学,但也不能没有亲近疏远之分。谁亲谁远应当先向先生请教,听从先生的指导。大体说来,为人敦厚、忠诚、讲信用,又能勇于改正自己错误的人,就是有益于自己的好朋友。那些谄媚奉承、轻薄放荡、粗野傲慢,教唆他人做坏事的人,就是对自己有害的坏朋友。这些你必须牢记于心,万不可随着时光的流逝而逐渐放松警惕,堕落进"小人"的行列,到那时候,即使有再贤良的师长,也没有办法救你了。

朱在谨记父亲的教导,外出求学,进步很快,终于学有所成,后来官至吏部侍郎。

朱熹夫子对于自己的儿子,采用的就是典型的"易子而教"和"易师而求"的范例。这其实也是中国古代普遍采用的教育孩子的方法。

华礼语录

1. 为学莫重于尊师。——谭嗣同
2. 片言之赐,皆事师也。——梁启超

3. 一日之师，终身为父。——关汉卿

4. 师道既尊，学风自善。——康有为

5. 善之本在教，教之本在师。——李觏

6. 做事需要有条理，所有问题知缓急，对待事情明轻重。

7. 要尊重自己，首先要尊重别人。

8. 尊重别人，才能让人尊敬。

9. 尊敬他人，别抱怨别人不尊重你，要先问问自己是否尊重别人。

10. "理"不是僵硬的死理，而是加上了人文色彩的"礼"。

民俗谚语

1. 有礼（理）走遍天下，无礼（理）寸步难行。

2. 秀才遇到兵——有理（礼）说不清。

3. 常在河边走，没有不湿脚。（近朱者赤，近墨者黑。）

4. 对牛弹琴——不通音律。

5. 你敬我一尺，我敬你一丈；你压我一寸，我让你三分。

图片分享

安徽桐城文庙拜师礼

在古代中国，礼深入社会的每一个层面，因而礼的名目极为繁冗，《中庸》有"礼仪三百，威仪三千"之说。为了使用与研究的方便，需要提纲挈领，对纷繁的礼仪进行归类。《尚书·尧典》说尧东巡守，到达岱宗时，曾经"修五礼"，《尚书·皋陶谟》也有"天秩有礼，自我五礼有庸哉"的话，但都没有说是哪五礼。《周礼·春官·大宗伯》将五礼坐实为吉礼、凶礼、军礼、宾礼、嘉礼。由于《周礼》在汉代已经取得权威地位，所以其五礼分类法为社会所普遍接受。后世修订礼典，大体都依吉、凶、军、宾、嘉为纲，如北宋礼典就称《政和五礼新仪》。

礼，对于个人来说，就是慎独；穷则独善其身，达则兼济天下。

细节体现教养，细节展示形象。

内强素质，外塑形象。

修身齐家治国平天下。所以，领导者要把修身放在首位。

领导者须知

领导力就是个人影响力！威仪三千，你有多少？

第三节　礼仪三百——威仪三千的礼仪类别

📖 古语导读

大宗伯之职：以吉礼事邦国之鬼神示，以凶礼哀邦国之忧，以宾礼亲邦国，以军礼同邦国，以嘉礼亲万民。

——《周礼·春官·大宗伯》

吉礼，是指祭祀之礼，古人祭祀是为了求得吉祥如意，所以称为吉礼。凶礼是指救患分灾的礼仪，其中包括荒礼和丧礼两大类别。军礼，王道之君以礼治国，以期使天下归于大同社会，然而不免会受到内忧外患的干扰，所以，也得以军礼治军，以保社稷。宾礼，就是天子、诸侯接待宾客的礼仪，其中也包括诸侯之间互相聘问的礼仪。嘉礼，是按照人心所善制定的各种礼仪，是饮食、婚冠、宾射、贺庆等礼的总称。

第一章 礼在理中——源远流长的华夏礼仪

背景阐述

01 三礼之首——《周礼》出自何处?

《周礼》是儒家经典,十三经之一。世传为周公旦所著,但实际上可能是战国时期归纳创作而成。《周礼》《仪礼》《礼记》合称《三礼》,是古代华夏民族礼乐文化的理论形态,对礼法、礼义作了最权威的记载和解释,对历代礼制的影响最为深远。经学大师郑玄为《周礼》作了出色的注,由于郑玄的崇高学术声望,《周礼》一跃而居《三礼》之首,成为儒家的皇皇大典之一。《周礼》中记载先秦时期社会政治、经济、文化、风俗、礼法诸制,多有史料可采,所涉及之内容极为丰富,无所不包,堪称为中国文化史之宝库。

02 发乎内心——何谓礼义?

相比礼法是礼的外壳而言,礼义是礼的内核,也就是礼的本质。从宏观上看,礼的设定都有很强的道德指向。孔子反对徒有虚名,而没有内涵的礼仪,他说:"礼云礼云,玉帛云乎哉?乐云乐云,钟鼓云乎哉?"认为玉帛、钟鼓不过是表达礼义的工具而已,并非礼的核心。

03 相得益彰——礼和乐是如何相辅相成的?

礼与乐相辅相成,两者的关系形同天地。《礼记·乐记》记载:

领导有礼

"乐由天作，礼以地制。""乐者，天地之和也；礼者，天地之序也。和故百物皆化；序故群物皆别。"礼乐本是一体，从不分家。

华礼观点

01 礼仪之邦——何谓三礼？

三礼即是《周礼》《仪礼》《礼记》，是研究中国古代礼仪的三本必备书籍。

02 心仪已久——何谓三仪？

三仪分别指仪容、仪表、仪态。仪容重点指面部表情礼仪，仪表重点指着装礼仪，仪态重点指举止礼仪。三者有所区别，但互相影响。

03 任重道远——何谓三道？

三道就社会模式而言，是礼仪之道；就人格模式而言，是君子之道；就行为模式而言，是中庸之道。

04 胎教祖师——何谓三太？

在三千多年前的周朝，有三位伟大的母亲，她们是：太姜、太妊、太姒，合称"三太"。周朝三太是周朝三位开国先王的夫人，她们母仪天下，贤德无比，辅佐和教化了开万太平的几位君

第一章 礼在理中——源远流长的华夏礼仪

王。不仅成就了周朝八百年基业，还为华夏民族培养了留名万世的几位圣人——周文王、周武王、周公。

太姜，周太王的后妃，王季的母亲，周文王的祖母。太妊，是挚任氏的女儿，王季的后妃，周文王的母亲。太姒，周文王的夫人，周武王和周公的母亲。

05 尊年尚齿——政务礼仪重在体现什么？

政务礼仪重在体现尊重与秩序，即尊卑有序。

06 不矜不伐——商务礼仪重在体现什么？

商务礼仪重在体现对等与利益。

07 宽猛并济——外交礼仪重在体现什么？

外交礼仪重在体现国家手段与国家意志。

08 拨云见日——引导礼仪应注意哪些要素？

室外引导，需体现落落大方的态度；室内引导，需体现高贵优雅的姿态。

09 有礼有节——礼仪按应用领域、使用场合分类有哪些？

礼仪的分类，主要是以应用领域、场合的不同为标准进行划分。一般有政务礼仪、商务礼仪、服务礼仪、社交礼仪、国际礼仪等几个基本分支。

政务礼仪，多指公务员礼仪，是指公务员在执行国家公务时应当遵守的礼仪。

商务礼仪，主要是指公司、企业的从业人员以及其他一切从事经济活动的人士在经济往来中应当遵守的礼仪。

服务礼仪，是指各类服务行业的从业人员在自己的工作岗位上应当遵守的礼仪。

社交礼仪，亦称交际礼仪，是指社会各界人士在一般性、日常性的交际应酬中应当遵守的礼仪。

国际礼仪，亦称涉外礼仪，是指人们在国际交往中，同国际友人打交道时应当遵守的礼仪。

上述五个基本分支礼仪中，前三项主要按照行业划分，是人们在其工作岗位上所应遵守的礼仪，故可以合称为行业礼仪或职业礼仪；后两种主要以交往范围为依据划分，一般称为交往礼仪。

10 以礼相待——礼仪按应用项目分类有哪些？

礼仪按应用项目分类有：注目礼、微笑礼、点头礼、欠身礼、开门礼、挥手礼、鞠躬礼、拥抱礼、亲吻礼、奉茶礼、引导力、叩门礼、握手礼、入座礼、介绍礼、名片礼、答谢礼。

案例赏析

子游治理武城

子之武城,闻弦歌之声,夫子莞尔而笑曰:"割鸡焉用宰牛刀。"子游对曰:"昔者偃也闻诸夫子曰:'君子学道则爱人,小人学道则易使也。'"子曰:"二三子,偃之言是也。前言戏之耳。"这段话的意思是:孔子到了武城,听到有人弹琴唱歌,孔子听了可能觉得这音乐或者歌曲有点小题大做,所以莞尔一笑说"杀鸡哪里用得上宰牛刀"。但子游对孔子的话不以为然,对孔子说:"过去曾经听您教导说'君子学道就会懂得爱人,小人学道就容易听从指令'。"孔子知道自己刚才失言了,立即对其他弟子说:"同学们,偃(子游)说得对,我刚才那句话是开玩笑的。"

案例赏析:子游治理武城,采用了礼乐兼得的为政之道,那就是儒家思想的礼乐教化,依然值得我们今天深思和借鉴。

趣味贴士

孔子"义利之辩"

鲁国有规定,凡是到国外旅行,看到有鲁国人在外国被卖为奴隶的,可以花钱把他赎出来,回到鲁国后,到国库去报账,国库照付。孔子有一个学生,在国外看到有鲁国人被卖为奴隶了,就把他赎出来。赎出来以后,他没到国库去报账,别人都说这个人品格高尚。孔子知道后,大骂这个学生,说这个学生做错了。别人奇怪了：做好事嘛！又赎了人，又不去报账，这不是好事吗？不是品格高尚吗？孔子说看问题不能这样看，他这个做法，实际上妨碍了更多的奴隶被赎出来。这个人回来后没有去报账，将来别人看见做奴隶的鲁国人，本想赎他出来，又想，我赎了以后，如果去报账，别人就要议论：以前某某人不报账，你去报账，你的品格不如他。这样，这个人就可能装作没看见，不去赎人了。所以，这个做法就妨碍了更多的鲁国奴隶被人家赎买出来，是有害的。

华礼语录

1. 道之以德，齐之以礼。《论语》
2. 不学礼，无以立。《论语》
3. 礼，经国家，定社稷，序民人，利后嗣。《左传》
4. 礼，天之经也，民之行也。《左传》
5. 人无礼则不生，事无礼则不成，国家无礼则不宁。《荀子》
6. 人有礼则安，无礼则危。《礼记》
7. 礼以行义，义以生利，利以平民，政之大节也。《左传》
8. 礼义廉耻，国之四维，四维不张，国乃灭亡。《管子》
9. 礼义生于富足，盗窃起于贫穷。汉·王符《潜夫论》
10. 棋逢对手，先礼后兵。
11. 不要原谅自己，但对别人应宽容。
12. 爱惜衣裳要从新的时候起，爱惜名誉要从礼仪开始。

第一章 礼在理中——源远流长的华夏礼仪

民俗谚语

1. 礼多人不怪，油多菜不坏。
2. 千里送鹅毛，礼轻情意重。
3. 怪人不知礼，知礼不怪人。
4. 矮人面前莫说短。
5. 大人不记小人过，宰相肚里好撑船。

图片分享

华老师带领弟子团队演绎现代政务礼仪

1.《朱子语类》
2.《周礼》
3.《中国古代礼仪文明》（彭林 著）
4.《关于孔子和论语的108个趣味问题》（李智微 著）
5.《辞海》
6.《华英雄说礼仪》（华英雄 著）
7.《唐子西文录》

参考书目

第二章
身正为范——正己正人的形象礼仪

政者，正也。子帅以正，孰敢不正？——《论语·颜渊》

政，就是正。你带头走正道，谁敢不走正道？

这句话有两层意思：第一是为政者本人要正，对自己要有严格要求，做到清正廉明；第二是为政者执政要严，对上对下刚正不阿。这就是我们中国人对"政"的最好诠释。政就是"正"，所谓政治的道理，就是领导社会走上正道。帅之以正，这是孔圣人的教诲，也是千古以来中国政治思想的一句名言。只要你领导人自己做得正，下面的风气自然就正了。此之谓：其身正，不令而行；其身不正，虽令不从。

领导者须知

激励他人的方法之一是感召他人。

领导者说一百遍，不如给下属做一遍！

教我者师长，生我者父母。我们与生俱来，无疑会带着父母的遗传基因，很大程度上我们决定不了自己的性别，决定不了自己的身高，也决定不了自己的容颜，但我们可以让自己面容更干净，气色更靓丽，形象更动人。

　　古人云：学高为师，身正为范。学高，乃自身内在修养，身正才是与人交往时的外在修为。礼仪，是别人看在眼里，记在心里，却永远也不告诉你的那个细节。如果一个人仅有"学高之师"，而没有"身正之范"，还不足以被人称为君子，而只能是学者。真正的君子，是学者加行者的典范。

领导者须知

　　表情里有近来心境，眉宇间是过往岁月。

　　世间没有不以貌取人的君子，也没有不自爱自恋的女子。

　　作为政务和商界领袖，您代表的是一个国家形象、组织形象或企业形象。

第一节 三庭五眼——容光焕发的仪容礼仪

古语导读

手如柔荑，肤如凝脂，领如蝤蛴，齿如瓠犀，螓首蛾眉，巧笑倩兮，美目盼兮。

——《诗经·卫风·硕人》

两手好像春荑柔软细嫩，皮肤就如凝脂白白润润，脖颈恰似蝤蛴细长优美，牙齿仿若瓠子整整齐齐。额角丰满双眉弯长，嫣然而笑动人心魄，秋波一转摄人魂。

背景阐述

庄姜之美——《诗经·卫风·硕人》寓意何在？

《诗经·卫风·硕人》，为先秦时代卫国民歌。全诗四章，每章七句。描写齐女庄姜出嫁卫庄公的壮盛和美貌，着力刻划了庄姜高贵、美丽的形象。诗从庄姜身份家世写起，再写其外貌，有如一个特写镜头。最后一节在"河水洋洋""葭菼揭揭"优美环境中，铺写"庶姜""庶士"的盛况，又像是一幅画面，镜头慢慢推向远方，一行人走向远方，给人留下无尽的回味，新鲜生动，而且意味深长。此诗描写细致，比喻新鲜，是中国古代文学中最早刻画女性容貌美、情态美的优美篇章，开启了后世博喻写美人的先河，历来备受人们的推崇和青睐。

🔔 华礼观点

01 从头开始——领导者的发型是传统好，还是前卫好呢？

传统好。

双瞳可以剪水 眉目可以传情

传统的发型给人以稳重、端庄、优雅之感

02 头头是道——领导者和高端商务人士发型要求是什么?

（1）前不抵眉；

（2）后不触领；

（3）侧不掩耳。

整洁利落的发型给人以干练统一的印象

03 乌黑发亮——女士在正式场合的发型要求是什么?

（1）前额的头发不要遮住眼睛；

（2）刘海不要超过眉毛，侧面头发不要遮盖脸庞；

（3）头发超过肩膀的女性干练的短发和盘发为宜，出席宴会可长发。

04 有头有脸——什么是三庭五眼？

"三庭"分别为上庭、中庭、下庭，即将人脸横向分为三部分。

（1）上庭是指从额头发际线到两眉头连线之间的垂直距离；

（2）中庭是指从两眉头连线到鼻底线之间的垂直距离；

（3）下庭是指从鼻底线到下巴尖之间的垂直距离；

（4）"五眼"是将人脸纵向分为五部分，包括：左眼宽度；右眼宽度；左太阳穴处发际线至左眼尾的水平宽度；右太阳穴处发际线至右眼尾的水平宽度；左眼内眼角至右眼内眼角之间的水平宽度。不同性别的政务人员，面部修饰及美化的要求也是不同的。

05 平头正脸——男士的面部"三分钟"修饰指哪些部位？

眼睛、鼻子、嘴巴、耳朵。尤其是：剪掉鼻毛，刮掉胡子，去掉体味。

男性政务人员要给人以面部清爽、干净的整体印象，面部修饰的重点主要在剃须、鬓角和鼻毛部位。男性公务人员忌留长胡须。平日应注意面部鼻毛的清洁，不要使鼻毛长于

面部细节的修饰是公务人员职业化的最好体现

鼻孔，显露在外。同时，男性政务人员还应注意面部皮肤的清洁与保养，切忌将过于干燥或过于油腻的面容展现于人。若冬天唇部干燥起皮，则应选择润唇膏修饰唇部。此外。还应注意牙齿的护理以及口腔卫生、无异味。

06 浓妆淡抹——化妆界的TPO原则指的是什么意思？

是要求人们在服装穿着、首饰佩戴、场合化妆等一切与打扮关联的问题上，必须考虑T（时间）、P（地点）和O（场合）这三个要素，使自己的着装及其具体款式与着装的时间、地点、目的协调一致，较为和谐般配，同时还要明确自己的化妆规律和特点。

遵守TPO法则在无形之中给自己增添风采

07 改头换面——怎样选择适合政务人员的化妆品？

选择以浅、淡为主。

具体来讲，选择比自身皮肤略浅颜色的粉底，使用后在发际线和脖颈处会显得过渡自然；眉粉、眉笔的颜色应考虑要与额头部位的头发颜色和眉毛颜色相协调，通常选择黑灰色、深棕色两种颜色；眼影的颜色均为亚光色，根据亚洲人肤色特质，通常备有黑色、白色、棕色系的眼影，黑色眼影用来配合黑色眼线使用，白色眼影用来将眉骨部位提亮，使眼睛看起来更加有立体感；腮红和唇忌选择正红色，还应考虑到自身颧骨部位、唇的颜色，通常选择浅玫粉色、肉桂色等柔和一些的颜色。

08 粉墨登场——应对常规工作场合化妆有哪些具体步骤？

基础打底→修饰眉→修饰眼睛→修饰唇→修饰面部。一般来讲，政务人员讲究少而精致的原则，摈弃华丽、浓妆艳抹，宁少而勿多，宁淡而勿浓。

09 装模作样——在大庭广众之下化妆可以吗？

当众化妆、照镜子都是极不礼貌的行为，应遵循"化妆避人原则"。只能在化妆间、卫生间等场所进行补妆。古人在《木兰诗》中就曾写道："当窗理云鬓，对镜贴花黄。"懂得礼仪的女性从来不会在大庭广众之下化妆而失礼的。

10 高抬贵手——女士在正式场合可以涂指甲油吗？

指甲长度不要超过指尖，忌涂抹颜色鲜艳、靓丽、图案丰富的指甲油，虽然是精心打造的指甲，反而会使人反感甚至厌恶。

干净、整洁、大方的手部让你举手投足更有魅力

案例赏析

在春秋时代有一个晋国大臣叫赵宣子。刚好那时候晋灵公在位，晋灵公年纪还小，很不听话，不好好爱护百姓。赵宣子很忠诚，就常常直言不讳劝他的君主。然而晋灵公居然起了歹念，派杀手鉏麑刺杀赵宣子。

鉏麑在早朝之前的时间就到了赵宣子的家里。结果一看，因为赵宣子起得早，所以他已经穿戴整齐，正襟危坐，闭目养神。而他这种仪容、威仪，鉏麑一看非常感动，他说：这个赵宣子在无人见到的地方都如此恭敬，想必在有人的时候也都一定是非常认真办理国事，对人一定都非常谦逊、恭敬才是。他说这样的人绝对是国家的栋梁，我不能杀他。杀了他，我就不忠了。可是因为是晋灵公，是国君交代他的事，假如他没有做，他就没守信用，所以鉏麑当场就对着那棵槐树撞头自尽。从这个故事我们可以体会到，当一个人仪容端庄，就能赢得他人对他的尊敬。赵宣子也由于这样的恭敬态度救了自己一条性命。

华礼语录

1. 保养是老样子，不保养是样子老。
2. 皮肤是一件永不褪色的时装。
3. 精致的脸庞是你最好的不动产。
4. 你的人生都深深地烙在了你的脸庞上。
5. 内在的修养，由外在的形象体现。
6. 你的形象和举止展示着你的心灵和情感。
7. 漂亮的外表是一层面纱，它常常掩盖了许多缺点。
8. 君子修身，对内要端正自己的心性，对外要端正自己的仪容。
9. 化妆的女人是彩色电视机，不化妆的女人是黑白电视机。
10. 你的样貌决定了我是否想去了解你的内心。

民俗谚语

1. 刷白烟囱——外貌清秀内心黑,表里不一
2. 人不可貌相,海水不可斗量
3. 猪八戒照镜子——里外不是人
4. 绣花枕头稻草芯——金玉其外,败絮其中

孔子闻之曰:"吾以言取人,失之宰予,以貌取人,失之子羽。"(出自《史记·仲尼弟子列传》)孔子的弟子澹台灭明,字子羽,体态和相貌很丑陋,想要事奉孔子。孔子开始认为他资质低下,不会成才。但他从师学习后,回去就致力于修身实践,处事光明正大,不走邪路;不是为了公事,从不去会见公卿大夫。后来,子羽游历到长江,跟随他的弟子有三百人,声誉很高,各诸侯国都传诵他的名字。孔子听说了这件事,感慨地说:"我只凭相貌判断人品质能力的好坏,结果对子羽的判断错了。"

领导者须知

衣着显审美,发型表个性。

职业看手,修养看脚。

领导者需在自己的仪表方面予以足够重视,即使容貌不是很出众,但可以凭借仪表给自己加分,如是容貌出众,加之仪表堂堂,将是锦上添花,更胜一筹!

第二节 以貌取人——端庄协调的仪表礼仪

古语导读

君子不可以不学，见人不可以不饰。不饰无貌，无貌不敬，不敬无礼，无礼不立。

——《大戴礼·劝学》

会见客人一定要打扮得体面一些，不打扮就没有好的仪表，没有好的仪表就是对客人的不尊敬，不尊敬客人就是不讲礼仪，不讲礼仪的人就难以在世上立足。

仪表的端庄是尊重他人的体现

第二章 身正为范——正己正人的形象礼仪

华礼观点

01 风度翩翩——正式社交场合，男士着西装如何体现自身的身份和品位？

（1）三色原则：正式场合，着西装套装全身上下不超过三种颜色。

（2）三一定律：着西装正装，腰带、皮鞋、公文包应保持同一颜色：黑色。

（3）三大禁忌：西装左袖的商标没有拆；穿白色袜子、尼龙袜子出现在正式场合；领带的打法错误。

02 人靠衣装——男士在正式场合西装以什么颜色最佳？

以浅蓝、黑中带浅灰色，其次是褐色和米色。

质地应该是纯毛，在视觉效果上羊毛比任何其他衣料都要好。勿选裁剪紧身、显花哨的西装。

黑蓝灰永恒的经典颜色——政务人士的首选

03 经典永恒——男士身上哪三件物品被认为是身份的象征？

手表、金笔和打火机在西方被称作男士三大配饰，被认为是身份的象征。男士在公务活动或社交活动中应该携带一支钢笔和一支铅笔。笔可以放在公文包内或西装上衣内侧的口袋内，不要插在西装上衣左胸外侧的装饰口袋。

04 三心二意——为什么一件西服不建议连续穿两天以上？

高质量的西服大都是用天然纤维如羊毛、蚕丝、马海毛、羊绒等为原料，这类西服穿过后，因局部受张力而变形，但让它适当休息，就能复原，所以，应准备两三套来换穿。

05 囊橐无余——为什么西服要经常清除口袋内的物品？

回家后立即换下衣服，取出口袋内的物品。如让口袋内添满东西而吊挂着，衣服很容易变形。

温馨小提示：不管多累，请及时把手机、钥匙等重物从口袋中取出，再将衣服挂起，延长寿命。

06 独善其身——为什么西服要经常清刷？

尘污是西服的最大敌人，会使西服失去清新感，故须常用刷子轻轻刷去尘土。有时西服沾上其他的纤维或较不容易除去的尘埃，可以用胶带纸加以吸附，效果很好。

第二章 身正为范——正己正人的形象礼仪

保持西服的整洁、平整——政务人士的品质

07 焕然一新——西服如何简易除皱？

久穿或久放衣橱中的西服，挂在稍有湿度的地方，有利于衣服纤维恢复，但湿度过大会影响西服定型的效果，一般毛料西服在相对湿度为35%—40%环境中放置一晚，可除去衣服皱纹。

温馨小提示：应选用加入防皱丝或涤纶防皱面料的正装，但仍不宜使其过度疲劳，可适当用熨斗将其皱褶烫平并放于冷风处吹干定型。

08 大雅扶轮——男士衬衫如何维护？

衬衫要勤换洗，这点非常重要，保证衣领袖口不能看到污渍，浅色衬衫应当一日一换，深色的可以2—3日但是不能超过

3日。已经穿着时间过长发黄变色的衬衫，衣领变形起泡甚至破损的衬衫，最好就留在家里当睡衣或者当抹布了。

如果有足够的时间，请使用手洗衬衫；如果能支出足够的成本，干洗当然是奢侈的选择。如果上述都没有，机洗自然是大部分工作朋友的选择。

合理洗护自己的衣物——政务人士穿衣有道

温馨小提示：

（1）在洗净衬衫后请用力甩将其皱痕除去再晾起，避免晾干后衬衫发皱。

（2）不管选择的是什么衬衫，应用蒸汽熨斗时常熨烫。

09 维护尊严——男士西裤如何维护？

一、基础保养

不穿的西裤一定要用衣架挂起来，而且要把口袋内的物品通通拿出来，还要把皮带抽出来，因为我们的衣服经常因为这些重物而容易变形。或许你注意过新买回来的西裤，在口袋部分经常是被缝合的，是因为要保持西裤的款型。所以更不用说你因为懒惰而放在口袋内的手机、钱包这些重物，把它们拿出来可以延长西裤的寿命。

二、保养措施

（1）保持清洁：收藏存放西裤的房间和箱柜要保持干净，要求没有异物及灰尘，防止异物及灰尘污染西裤，同时要定期进行消毒。

（2）保持干度：

a. 选合适的地点或位置。收藏存放西裤应选择通风干燥处，避开多潮湿和有挥发性气体的地方，设法降低空气湿度，防止异味气体污染西裤。

b. 西裤在收藏存放前要晾干，不可把没干透的西裤进行收藏存放，这不仅会影响西裤自身的收藏效果，同时也会降低整个西裤收藏存放空间的干度。

c. 西裤在收藏存放期间，要适当地进行通风和晾晒。晾晒不仅能使西裤干燥，同时还能起到杀菌作用，防止西裤受潮发霉。

（3）防止虫蛀：一般都使用樟脑丸作防蛀剂。在使用时，应把樟脑丸用白纸或浅色纱布包好，散放在箱柜四周，或装入小布袋中悬挂在衣柜内。

（4）经常烫西裤：由里而外烫西裤的顺序如下：将裤子翻过来，口袋掀开，先烫裤裆附近，其次是口袋、裤角和布缝合处。接着烫正面，整个裤头由拉处烫绕一圈，然后是右脚内侧，右脚外侧，左脚内侧，左脚外侧，最后把两管裤角合起来修饰一番。

10 玉树临风——男士皮带插孔多少为宜?

皮带的插孔不宜太多:一般说来,皮带的长短,以皮带扣插入后皮带两头可以交错重叠为准,并以皮带头可插入第一个裤袢为宜,皮带插孔最好三至五个,系好后松紧程度以中间第三孔为标准。有的人为了方便,在皮带上打了一连串的孔眼,系在腰里,破坏了皮带整体效果。

外露的皮带需加注意——赢在细节

11 温文尔雅——政务人员西装口袋巾怎么使用?

口袋巾一般放于西装上衣口袋中,且有多种折法。对于政务人员而言,口袋巾的颜色应与西装整体色彩协调,折法忌夸张,稍微点缀下即可。

12 品貌非凡——什么是男士的正装鞋?

(1)黑色;(2)有鞋带;(3)三节头,三块皮拼成;(4)独立的跟。华尔街俗语有言:"不要相信穿着破皮鞋和不擦皮鞋的人!"

黑色制式化的皮鞋 ——政务男士的首选

13 宽以待人——可不可以当众随便脱下西装上衣、把衣袖挽上去或卷起西裤的裤筒?

不可以,否则就显得粗俗、失礼。除非在特别休闲的场合和户外活动时。

14 绅士风尚——男士装西服时,衬衣大小,衣袖、衣领的长度为多少合适?

(1)双手自然下垂,袖长距离手虎口2厘米左右,不能到达虎口，也不能露出手腕。

（2）西服上衣扣上钮扣后，衣服与腹部之间能放下一个拳头。从侧面看领子没有不自然的隆起。在背上或前肩没有横斜的皱纹。双手握拳放于胸前，双肘可轻松举起到水平状，背部感到一定拉力，但是并不过分紧绷。

（3）扣上前扣，可以从衣领轻松地放入一个拳头，无法扣拢不行，空隙太大也不行。

（4）不扣西服扣，前下摆不能有分开或重叠现象。西服袖口处，没有任何不自然皱褶出现。胳膊做上下、前后、左右摆动也不会有压迫感。

15 气宇不凡——男士夏天穿短袖可以打领带吗？

不可以。一般在休闲场合不需要打领带。

一般正式场合中只有长袖才可以配领带。

16 落落大方——正式场合的服装色彩，如何选取为佳？

除了统一制服之外，相对保守但较适宜的服装颜色有无彩色系的黑、白、灰，以及棕色系、藏蓝色等纯度较低、明度较低的颜色。

17 庄重得体——服饰色彩与工作岗位有关吗？

当然有关。

例如，公职人员尽量选择炭灰、藏蓝、墨绿等明度低，并能给人以严肃、冷静的感觉的服装色彩；医院医生制服里面的衬衫尽量选择明度高的浅色，以给病人干净、专业的感觉等；管理层人员则比较适合黑、白、灰的无彩色系，这样会给人干练、沉稳、严肃的感觉。

18 量体裁衣——男士在正式场合只能穿白衬衫吗？

建议首选白衬衫。

（1）正式的场合，搭配西装的只能选择正装衬衫，颜色为白色，忌图案繁琐，忌选择格子图案的衬衫、彩色衬衫；单一色的白色衬衫传递着某种不可言传的感觉：诚实、聪明和稳重。这里所说的"白色"，并不是要排除带淡红或淡蓝条纹的白衬衫，这些"白色"衬衫尽管不是一流的，但都是可取的。而艺术家、作家、工程师和其他创造性专业人员有时抵触白色是事实，对于他们来说，淡蓝色也许是最好的选择。记住：颜色越淡，底色越精妙，你给人留下的印象越好。

（2）还应该注意到的是正装衬衫均为长袖，短袖衬衫为休闲装。

（3）衬衫里面穿内衣的时候，内衣要选 U 型领或者 V 型领口，不能使里面的内衣从领口、袖口、皮带处露出来，那样会十分难看。

（4）如需要打领带或领结，衬衫上面的扣子一定要系好。

19 和和美美——服饰搭配 TPO 原则的实质是什么？

实质就是协调。

具体是指着装要与早晚、季节、年代相符；要与所处场合或环境相符；要与不同国家、区域、民族的不同习俗相符。在选择穿着服装出门时，必须考虑到 T（时间）、P（地点）和 O（场合）这三个基本因素。政务人员作为关系活动的主体其穿着的服装直接影响着公众的心理，以及公众对政务人员的评价，从而间接关系到公共关系活动的质量。因此，政务人员绝对不能单纯凭借个人喜好来选取服装，而是先要考虑到 TPO 原则，对于 TPO 原则要全面掌握和灵活运用。

20 西装革履——男士西装有哪三种颜色最适合正式场合？

藏蓝色：庄重、威严、尊贵；

浅灰色：高贵、优雅；

深灰色：时尚、随和。

21 仪表堂堂——正式场合西装口袋可以放东西吗？

不可以。

在西装的九个口袋中，西装上衣的下面两侧口袋原则上是不放任何东西的，东西只能放在上衣内兜里，西装上衣的上面口袋只能放口袋巾。

22 西装笔挺——西装上衣系单排扣和双排扣的区别在哪里?

单排扣,Sometimes:最上面的扣子可扣可不扣;Always:中间的扣子不管什么时候都扣上;Never:最下面的扣子从来不扣。两粒扣西装也是如此,最常见、正式的系扣方法也是只扣上面那个。双排扣西装上衣的扣子全部系上。如果遇到会议会晤等场合,只要穿了西装,坐下时永远会解开扣子,这样不会让人看起来臃肿,起身时也会马上扣上第一颗,这是非常儒雅的小细节,也是一种修养的体现。

23 风度翩翩——出席正式场合时打什么颜色的领带合适呢?

最好选纯色,例如藏蓝色、黑灰色、酒红色等感觉沉稳的颜色,并与西装颜色相协调,斜纹、小圆点的图案简洁的领带也可以适当考虑。

24 派头十足——政务人员领带打多长最合适?

长度应控制在皮带扣处位置,最为常用的打领带方式为温莎式打法。

沉稳的颜色打造领导者沉稳的形象

25 判若黑白——正式场合必须穿黑色的套装吗?

不一定要穿黑色套装。

现在社会已能接受一些较鲜艳的颜色,尽量以淡雅或同色系搭配为宜。不过,女性在正式场合尽量应该避开粉红色,这种颜色往往给人以轻浮、圆滑、虚荣的印象。

26 端庄得体——女性在正式场合选择什么样的服装款式最合适?

一般以西装、套裙为宜,这是最通用亦最稳妥的着装。依据欧洲传统礼仪,女性着套裙比套裤更加正式。

不论年龄,一套剪裁合体的西装、套裙和一件配色的衬衣或罩衫外加相配的小饰物,会使你显得优雅而自信,给对方留下良好的印象。切忌穿太紧、太透和太露的衣服。

27 女性穿袜子有哪些注意事项?

(1)不可以穿破洞的袜子;
(2)不可以穿连裤袜以外的袜子;
(3)不可以着正装光着腿;
(4)不可以鞋袜颜色不配套;
(5)不可以穿丝袜配鱼嘴鞋。

第二章 ■ 身正为范——正己正人的形象礼仪

丝袜与鞋子的选择打造得体的形象

28 秀丽端庄——女士西装套裙裙长控制在哪个位置合适？

裙长应控制在膝盖上下一拳的范围。

29 铿锵玫瑰——女性穿着西装套裙时，需要注意哪四个方面？

（1）服装应挺括合身。

避免紧身，女性紧身的服装只能给人以性感妩媚的感觉，与政务人员的身份极不相符。

（2）穿着裙装忌光腿。

穿着裙装时，须穿上与其颜色相协调的连裤丝袜，丝袜颜色通常以肉色、黑色、灰色为主。

（3）切忌三截腿。

西装套裙忌搭配及膝长靴，会给人以不职业的印象，尤其在冬天，女性应该特别注意这一点。

（4）鞋子款式以选择黑色、皮质、尖圆头、少装饰、不闪亮、细鞋跟，且鞋跟高度在三至五厘米的船鞋为最佳搭配。

（5）注意配饰选择。

材质应讲究一些，设计精致忌夸张，也可选择胸针、丝巾作为配饰点缀服装，合乎政务人员身份。

30 品味时尚——政务人员只能穿正装吗？

不是。

根据服饰TPO原则，还可以选择中山装、旗袍、礼服、燕尾服等；除了以上介绍的几种常见的服装类型之外，政务人员在有些场合，例如基层调研、参加公益活动、在遇难现场部署工作等可以通过穿着商务休闲服装，减少服装的隆重感、仪式感，比如男性可以选择夹克衫、带领T恤衫、短袖衬衣等服装，女性可以选择有袖连衣裙、针织开衫等服装。

第二章 ■ 身正为范——正己正人的形象礼仪

多样化选择为政务人士增添魅力

31 踏破铁鞋——女士在正式场合穿什么样的鞋子是最佳选择？

中跟鞋是最佳选择。

穿鞋总的原则是应和整体相协调，在颜色和款式上与服装相配。不要穿长而尖的高跟鞋，中跟鞋是最佳选择，既结实又能体现女性的尊严。

32 甜鞋净袜——优雅女性包里必备物品之一为什么是丝袜呢？

时装设计师们都认为，肉色袜子作为商界着装是最适合的。为保险起见，女士应在包里放一双备用，以便脱丝时能及时更换。试想一下，正要登台，丝袜破了、拉丝了，那就尴尬了。丝袜与裙子产生静电时，可在穿着丝袜的大腿上抹一点油质营养霜，裙子就不会粘在袜子上了。

最容易让政务女士尴尬的细节

趣味贴士

"汉服"一词的记载最早见于《汉书》:"后数来朝贺,乐汉衣服制度。"这里的"汉"是指汉朝的服装礼仪制度,即《周礼》《仪礼》《礼记》里的冠服体系,因为汉朝的礼仪制度由汉高祖的和太常叔孙通依据夏、商、周三代礼仪制度所制定。汉服"始于黄帝,备于尧舜",源自黄帝制冕服,定型于周朝,并通过汉朝依据四书五经形成完备的冠服体系,成为儒教神道设教的一部分。

汉服,全称是"汉民族传统服饰",又称汉衣冠、汉装、华服,是从黄帝即位到公元17世纪中叶(明末清初),在汉族的主要居住区,以"华夏—汉"文化为背景和主导思想、以华夏礼仪文化为中心、通过自然演化而形成的具有独特汉民族风貌性格、明显区别于其他民族的传统服装和配饰体系,是中国"衣冠上国""礼仪之邦""锦绣中华"的体现,承载了汉族的染织绣等杰出工艺和美学,传承了30多项中国非物质文化遗产以及受保护的中国工艺美术。

华礼语录

1. 衣贵洁,不贵华,上循份,下称家。《弟子规》
2. 衣裳显示人品。
3. 衣服就是你的名片。
4. 先敬罗衣后敬人。

5. 衣服是一种无声的语言。

6. 美的形象加美的德行等于美的光辉。

7. 想要无可取代,就必须时刻与众不同。

8. 穿着破旧的裙子,人们记住的是裙子;穿着得体的裙子,人们记住的是优雅的女人。

9. 人靠衣装,佛靠金装。

10. 你就是你所穿的。

民俗谚语

1. 人靠衣裳马靠鞍。

2. 有多大的脚,穿多大的鞋。

3. 猴子穿衣服——冒充善人

4. 半夜起来穿衣服——为时过早

5. 爷爷棉袄孙子穿——老一套

古人讲，人生四相：站有站相，坐有坐相，吃有吃相，睡有睡相。我们不经意的一个小动作，往往会给别人造成不良印象，别人看在眼里，记在心里，却永远也不告诉我们的那个细节，那就是礼，所以我们多数情况下失礼而不自知。

领导者须知

站姿看出才华气度，步态可见自我认知，笑容暗藏欢乐程度。

积极主动的领导者在"挑战现状"这一习惯行为上，得分都高于平均值，它与性别和民族文化没有关联性。

作为政界或商界领袖，往往是公众人物，你的一个动作，也许身边的下属或同事不会说破，但与之相反的是，媒体会说，而且可能还会捕风捉影加以炒作，其后果不堪设想，所以不可不察。

第三节　举手投足——大方得体的仪态礼仪

📖 古语导读

足容重，手容恭，目容端，口容止，声容静，头容直，气容肃，立容德，色容庄。

——《礼记·玉藻》

以上文字大意为，人们在日常生活中从小就要学习并熟悉关于人格修养和礼仪的基本规则，指导人们在日常生活中保持良好的心态和高雅的仪态。

📑 背景阐述

01 落落大方——"足容重，手容恭，目容端，口容止，声容静，头容直，气容肃，立容德，色容庄。"出自哪部典籍？

出自《礼记·玉藻》。

落落大方的形象是自身的名片

02 仪态万千——"九容"的具体解释是什么?

"足容重"是指脚步稳重,不要轻举妄动(在尊长面前快速通过时不受此限);

"手容恭"不是指慢腾腾地干活,而是指无事可做时,手要端庄握住,不要乱动;

"目容端"是指目不斜视,观察事物时要专注;

"口容止"是要求在说话、饮食以外的时间,嘴不要乱动;

"声容静"是指振作精神,不要发出打饱嗝或吐唾液的声音;

"头容直"是要求昂首挺胸,不要东倚西靠;

"气容肃"是指呼吸均匀,不出粗声怪音;

"立容德"是指不倚不靠,保持中立,表现出道德风范;

"色容庄"是指气色庄重,面无倦意。

🔔 华礼观点

01 眉开眼笑——表情礼仪包含哪两个部分?

包括眼神礼仪、微笑礼仪。

表情礼仪是专指人的表情所包含的礼仪要素。表情是人的心理状态的外在表现,表情在传达一个信息的时候,视觉信号占55%、声音信号占38%、文字信号占7%。

表情是内心的真实写照

02 眉目传情——政务人员的眼神运用重点有哪三个方面？

时间、角度、部位三个方面。

（1）视线接触时间。

在交谈中，听的一方通常应多注视说的一方，目光与对方接触的时间一般占全部时间的 1/3。

表示友好。应不时地注视对方。注视对方的时间约占全部相处时间的 1/3 左右。

表示重视。应常常把目光投向对方那里。注视对方的时间约占相处时间的 2/3 左右。

表示轻视。目光游离对方，注视对方的时间不到全部相处时间的 1/3，意味着轻视。

表示敌意。目光始终盯在对方身上,注意对方的时间占全部相处的 2/3 以上,被视为有敌意,或有寻衅滋事的嫌疑。

表示感兴趣。目光始终盯在对方身上,偶尔离开一下,注视对方的时间占全部相处时间的 2/3 以上。

(2)注视的部位。

眼睛是人体传递信息最有效的器官,在与人交谈时,不要将目光聚焦于对方脸上的某个部位或身体的其他部位。不同的场合和交往对象,目光所及之处也有区别。

公事注视:目光所及区域在额头至两眼之间。

社交注视:目光所及区域在两眼到嘴之间。

亲密注视:目光所及区域在两眼到胸之间。

眉目传情——可拉近和他人的距离

（3）目光注视的时间。

注视时间占交谈时间30%—60%，低于30%会被认为你对他的交谈不感兴趣，高于60%则会被认为你对他本人的兴趣高于谈话内容的兴趣。

凝视的时间不能超过4、5秒，因为长时间凝视对方，会让对方感到紧张、难堪。如果面对熟人朋友、同事，可以用从容的眼光来表达问候、征求意见，这时目光可以多停留一些时间，切忌迅速移开，不要给人留下冷漠、傲慢的印象。

03 笑逐颜开——亲和的微笑可以表达什么？

（1）表达心境良好。面露平和欢愉的微笑，说明心情愉快，充实满足，乐观向上，善待人生，这样的人才会产生吸引别人的魅力。

（2）表达充满自信。面带微笑，表明对自己的能力有充分的信心，以不卑不亢的态度与人交往，使人产生信任感，容易被别人真正地接受。

（3）表达真诚友善。微笑反映自己心底坦荡，善良友好，待人真心实意，而非虚情假意，使人在与其交往中自然放松，不知不觉地缩短了心理距离。

（4）表达乐业敬业。工作岗位上保持微笑，说明热爱本职工作，乐于恪尽职守。如在服务岗位，微笑更是可以创造一种和谐融洽的气氛，让服务对象倍感愉快和温暖。

第二章　身正为范——正己正人的形象礼仪

微笑让您更加得谦卑

04 英姿飒爽——站姿在公众形象中为何如此重要？

站姿看出才华气度，步态可见自我认知，笑容暗藏欢乐程度。

体（脂肪）不立，则形（漂亮）无力；

骨（骨骼）不正，则气（表情）无力。

05 玉树临风——标准站姿的基本动作要领有哪些？

（1）头正。

（2）肩平。

（3）臂垂。

（4）躯挺。

（5）腿并。

（6）身体重心主要支撑于脚掌、脚弓上。

（7）从侧面看，头部肩部、上体与下肢应在一条垂直线上。

06 英姿勃发——男性的基本站姿有哪些？

（1）身体立直，抬头挺胸，下颌微收，双目平视，嘴角微闭，双手自然垂直于身体两侧，双膝并拢，两腿绷直，脚跟靠紧，脚尖分开呈"V"字型（60度）。

英姿勃发的站姿更加彰显气质

（2）身体立直，抬头挺胸，下颌微收，双目平视，嘴角微闭，双脚平行分开，两脚间距离不超过肩宽，一般以20厘米为宜，双手手指自然并拢，右手搭在左手上，轻贴于腹部，不要挺腹或后仰。

（3）身体立直，抬头挺胸，下颌微收，双目平视，嘴角微闭，双脚平行分开，两脚之间距离不超过肩宽，一般以20厘米为宜，双手在身后交叉，右手搭在左手上，贴于臀部尾骨处。

07 亭亭玉立——女性的基本站姿有哪些？

（1）身体立直，抬头挺胸，下颌微收，双目平视，嘴角微闭，面带微笑，双手自然垂直于身体两侧，双膝并拢，两腿绷直，脚跟靠紧，脚尖分开呈"V"字型（45度）。

（2）身体立直，抬头挺胸，下颌微收，双目平视，嘴角微闭，面带微笑，两脚尖略分开，右脚在前，将右脚跟靠在左脚脚弓处，两脚尖呈"V"字型，双手

站出政务女士的优雅

自然并拢，右手搭在左手上，轻贴于腹前，身体重心可放在两脚上，也可放在一脚上，并通过重心的移动减轻疲劳。

08 气宇轩昂——站姿的注意事项有哪些？

（1）站立时，切忌东倒西歪，无精打采，懒散地倚靠在墙上、桌子上。

（2）不要低着头、歪着脖子、含胸、端肩、驼背。

（3）不要将身体的重心明显地移到一侧，只用一条腿支撑着身体。

（4）身体不要下意识地做小动作。

（5）在正式场合，不要将手叉在裤袋里面，切忌双手交叉抱在胸前，或是双手叉腰。

（6）男子双脚左右开立时，注意两脚之间的距离不可过大，不要挺腹翘臀。

（7）不要两腿交叉站立。

09 正襟危坐——公众场合入座时有哪些注意事项？

（1）入座时要轻、稳、缓。走到座位前，转身后轻稳地坐下。

（2）女子入座时，若是裙装，应做到"前护后抚"，即一手在前护裙，一手在后以手背抚裙。

（3）正式场合一般从椅子的左边入座，离座时也要从椅子左边离开，取以左为尊、以左为大之意。

第二章 身正为范——正己正人的形象礼仪

（4）女士入座尤要娴雅、文静、柔美。如果椅子位置不合适，需要挪动椅子的位置，应当先把椅子移至欲就座处，然后入座。而坐在椅子上移动位置，是有违社交礼仪的。

（5）神态从容自如，嘴唇微闭，下颌微收，面容平和自然。

双肩平正放松，两臂自然弯曲放在腿上，亦可放在椅子或是沙发扶手上，以自然得体为宜，掌心向下。

正确的坐姿——尽显女士优雅

（6）坐在椅子上，要立腰、挺胸，上体自然挺直。

（7）双膝自然并拢，双腿正放或侧放，双脚并拢或交叠或成小"V"字型。女士应坚持"永不分膝"的原则。男士两膝间可分开一拳左右的距离，脚位可取小八字步或稍分开以显自然洒脱之美，但不可尽情打开腿脚，那样会显得粗俗和傲慢。

（8）政务场合或者正式场合中，应坐座椅的三分之二为宜。与老师、前辈、上司在进行知识分享时，应坐座椅的三分之一为宜，且上半身略微前倾，集中注意力，以表示尊敬。

（9）谈话时应根据交谈者方位，将上体双膝侧转向交谈者，上身仍保持挺直，不要出现自卑、恭维、讨好的姿态。讲究礼仪

正襟危坐是政务场合的标准坐姿

要尊重别人但不能失去自尊。

（10）离座时要自然稳当，右脚向后收半步，而后站起。

10 龙蹲虎踞——正式场合的蹲姿要领有哪些？

（1）站在所取物品旁边，蹲下屈膝去拿，而不要低头，也不要弓背，要慢慢把腰部低下；两腿合力支撑身体，掌握好身体的重心，臀部向下。

（2）下蹲时要自然、得体、大方，不要遮遮掩掩。

（3）交叉式蹲姿是男士女士常用的蹲姿，下蹲时，右脚在前，左脚在后，右小腿垂直于地面，全脚着地；左腿在右与右脚交叉叠起，左膝由后面伸向右侧，左脚跟提起，左前脚掌着地；两腿前后紧靠，合力支撑身体。臀部向下，上身稍前倾。男士选用高低式蹲姿的时候，两腿不要靠紧，两腿之间可以有适当距离。

女士正式场合的蹲姿

11 步步为营——正式场合中正确的走姿是什么？

（1）头正。

（2）肩平。

（3）躯挺。

（4）步位直。

（5）步幅适度。

（6）步速平稳。

12 雷厉风行——正式场合变向时该怎么走？

（1）后退步：向他人告辞时，应先向后退两三步，再转身离去。退步时，脚要轻擦地面，不可高抬小腿，后退的步幅要小。转体时要

女士规范走姿

先转身体,头稍候再转。

（2）侧身步：当走在前面引导来宾时,应尽量走在宾客的左前方。髋部朝向前行的方向,上身稍向右转体,左肩稍前,右肩稍后,侧身向着来宾,与来宾保持两三步的距离。当走在较窄的路面或楼道中与人相遇时,也要采用侧身步,两肩一前一后,并将胸部转向他人,不可将后背转向他人。

13 鸭行鹅步——公众场合哪些走姿是不雅的?

（1）方向不定,忽左忽右。

（2）体位失当,摇头、晃肩、扭臀。

（3）扭来扭去的"外八字"步和"内八字"步。

（4）左顾右盼,重心后坐或前移。

（5）与多人走路时,或勾肩搭背,或奔跑蹦跳,或大声喊叫等。

（6）双手反背于背后。

（7）双手插入裤袋。

14 身手不凡——公众场合的手势可以作为辅助语言吗?

可以。

手势可以起到辅助语言、体现尊重、表达关爱和提升个人形象的作用。表达对对方的致意、道别、引领、介绍的意思。

第二章 ■ 身正为范——正己正人的形象礼仪

铿锵有力的手势让您在职场上倍增身份感！

15 心灵手巧——公众场合手势语有哪五式？

具有指向作用的手势语有前摆式、斜摆式、横摆式、回摆式、直臂式、前伸式。

16 大方之家——手势的基本要求是什么？

五指并拢，手掌伸直，手心向上，忌手背对人。

17 彬彬有礼——在工作中递接物品采用什么方法最为合适？

最好采用双手接送，并表达感谢。

例如水杯、文件、票据、信封、名片、水瓶、咖啡或茶杯、办公用品等。递送物品时，尽量使用双手，四指托底，拇指压住物体表面，并常伴随鞠躬和语言。递送尖锐物品的时候，将尖锐部分指向自己，递送曲别针等零碎物品的时候，可以将零碎物品放在纸上，再递送出去。

递出的是情义 递出的是尊重

案例赏析

《触龙见赵太后》中记述了春秋后期的一个故事。赵国的太后刚刚执政，就遇到秦国的进攻，只得向齐国求援。但齐国提出让太后的小儿子做人质方可出兵。赵太后疼爱小儿子，不愿答应这个条件，大臣们纷纷劝说，都遭到太后拒绝，左师公触龙决定去劝说太后。由于他脚有病,走路不便,为了不失礼节,只得做出"趋"的动作,实际是慢慢向前挪动脚步。见到太后首先谢罪,触龙是极力要做出有礼貌的样子。

趣味贴士

在周代已有九种拜礼:稽首、顿首、空首、振动、凶拜、吉拜、奇拜、褒拜、肃拜。古人认为,不跪不叫拜。拜,在古代就是行敬礼的意思。按照周代礼仪的规定,当时对跪拜的动作和对象,作了严格的规范:稽首,是拜礼中最隆重的一种,使用场合主要是官场,特别是臣子拜见帝王时。行稽首礼时,拜者必须屈膝跪地,左手按右手,支撑在地上,然后,缓缓叩首到地,稽留多时,手在膝前,头在手后,这是"九拜"中最重的礼节。(后来,僧人举一手向人们行礼,也称"稽首"。)顿首,较稽首礼轻,一般用于下对上的敬礼。行顿首礼时,跪地叩首,至地则举,顿,即时间短暂。其他和稽首相同。

华礼语录

1. 站有站相,坐有坐相。

2. 步从容,立端正,揖深圆,拜恭敬。《弟子规》

3. 立必正方,常视毋诳。《礼记·曲礼》

4. 白刃交于前,泰山崩于后,亦凛然不动,始得为立正。(刘伯能)

5. 女性的优雅要雕刻在挺直的背脊上。

6. 优雅是永不褪色的美。

7. 优雅是女人最美的外衣。

8. 优雅之于体态,犹如判断力之于智慧。

9. 步履从容,行走端正。

10. 人美不在貌,美在心意好。

民俗谚语

1. 心有所思,手有所指。

2. 三下五除二,干脆利落。

3. 人无笑脸休开店,会打圆场自落台。

4. 光说不练假把式,光练不说真把式,连说带练全把式。

第三章
一见如故——热情周到的接待礼仪

当今领导,接待项目多,需要准备各类汇报材料;接待人员多,需要预设各种接待流程;接待形式多,需要应对各种谈判场合……可是,作为领导,每天必不可少地有一些应酬,迎来送往需要注目礼仪,推杯换盏要面带微笑礼仪,欢迎客人需要握手礼仪,领导一时的疏忽,是否会影响到接待客人或上司的品质呢?"不迁怒,不贰过"是制胜法宝,与人打交道,不迁怒于他人,不在同一件事情上重复犯错误,需要一定的修炼,需要一定的人格魅力。领导的情商高可以做到不迁怒,智商高可以做到不贰过。这是 2 500 多年前的孔老夫子早就提出来的,作为当今社会的领袖精英,不可不知也。

领导者须知

见面时,注目礼是可以传递感情的,也是可以表达内容的;而谈判中会心的微笑可以让自己愉悦,使对方开心。道别时一个标准的满掌满握式握手既是对对方的尊重,也是自信心的流露。完美的接待流程是一个领导及其所领导的团队最美好的一张名片。

孟子曰:"存乎人者,莫良于眸子。眸子不能掩其恶。胸中正,则眸子瞭焉;胸中不正,则眸子眊焉。听其言也,观其眸子,人焉廋哉?"论述的是一个辨识人言的方法问题。孟子主张辨别一个人是否说真话,一个重要的方法就是观察他的眼睛。

领导者须知

人可以编造假话,但眼睛是心灵的窗户,容不下虚假的东西,所以要看一个人说的是不是真话,先观察他的眼睛。这也是察人的基本方法啊!

第一节　眉目传情——相人于眸的注目礼仪

📖 古语导读

存乎人者，莫良于眸子。

——《孟子·离娄上》

观察一个人，没有比观察他的眼睛更好的办法了，眼睛掩藏不了内心的邪恶。心胸正直，眼睛就明亮，心胸不正，眼睛就浊暗。

非礼勿视。

——《论语》

不符合礼教的事物不要去看。

📑 背景阐述

01 顾盼生辉——相人莫良于眸的出处在哪里？

《孟子·离娄上》有这样一段话，孟子曰："存乎人者，莫良于眸子。眸子不能掩其恶。胸中正，则眸子瞭焉，胸中不正，则

第三章 一见如故——热情周到的接待礼仪

眸子眊焉，听其言也，观其眸子，人焉廋哉？"。孟子指出眼睛是人内心真实的反映，"著于形容，见乎声色"，观察一个人，没有比观察他的眼睛更好的办法了，眼睛掩藏不了内心的邪恶。心胸正直，眼睛就明亮，心胸不正，眼睛就浊暗。

眼睛就是心灵的窗户

02 闭明塞聪——古代经典里对不良眼神是怎么记载的？

"天子视不上于袷，不下于带，国君，绥视，大夫，衡视，士视五步。"——《礼记》。臣子瞻视天子，目光要上不及其交领，下不低于腰带。臣子瞻视国君，目光应在其面部以下，交领之上。大夫的部下瞻视大夫，可以目光平视，直视面部。凡瞻视尊者，如果目光高过对方面孔，就显得傲慢，如果目光低于对方腰带，就显得自己忧心忡忡，如果目光游移，眼珠左右滚动，就显得心术不正。

03 火眼金睛——"非礼勿视"的出处在哪里?

颜渊问仁。子曰:"克己复礼,为仁。一日克己复礼,天下归,仁焉!为仁由己,而由人乎哉?"。颜渊曰:"请问其目?"子曰:"非礼勿视,非礼勿听,非礼勿言,非礼勿动。"

孔子说:不符合礼教的东西不能看,不符合礼教的话不能听,不符合礼教的话不能说,不符合礼教的事不能做。

华礼观点

01 炯炯有神——为什么古人说相人莫良于眸?

眼神可以让他人读懂您,也可以让您读懂他人

谈起相人离不开眼睛，眼睛是心灵的窗户，我们看见外界，同时也让外界看到了我们的内心，眼睛往往跟着心在转。

02 暗送秋波——不懂注目礼，黄金卖了个石头价？

你想有所作为吗？那么你应该懂得注目礼所揭示的人生真相："你是什么"固然重要，但"别人认为你是什么"更加重要。成功并非就是赢得财富或权力，更在于财富或权力所带来的注目礼，因此，获得别人的注目致礼，对每一个人至关重要。看不到别人追求注目礼的实质，更不能灵活运用注目礼，会使你无意中犯下各种各样的错误，导致自我利益无法最大化，极端一些的甚至怀才不遇，黄金卖了个石头价！

03 军礼之一——你知道哪一个礼节被排在军礼之首吗？

注目礼，是指以目光注视对方的见面礼节。

04 含情脉脉——行注目礼时想要向对方输送什么讯息？

行注目礼是要把自己对对方尊重的那份感情通过眼神恰当地表现出来。

05 神采飞扬——怎样行注目礼？

面向受礼者，调整姿势，注视对方，面带微笑，进行眼神交流（左、右转头角度不超过45度）。

眼神的沟通是交流的最好方式

06 不怀好意——行注目礼要注意避免的不良眼神有哪些？

勿侧视（给对方的感觉是不敢面对）。

勿眼珠转圈（给对方的感觉是心术不正）。

勿上视（给对方的感觉是傲慢无礼）。

勿下视（也叫淫视）。

勿上下打量（给对方的感觉是在评判挑剔）。

07 目送十里——送客人时所行注目礼的眼神何时收回来？

要目送客人，直到觉得客人回头时看不见自己。

同理，目送车子，直到觉得车子里面的人回头时看不见自己。

第三章 一见如故——热情周到的接待礼仪

良好的眼神可以最好地诠释出您对他人的尊重

08 眼波流转——在人际博弈中眼神可以让你转弱为强吗?

大家都有一双眼睛,由于年龄、阅历的不同,每个人眼神里包含的内容也不一样。注目礼的意思极其简单:任何人,都不能自己证明自己的存在,自己肯定自己的价值,必须通过别人的注目致礼感受到他人对自己的尊重和肯定。而且发现,你越是用心"注目"于他,你从他那里得到的可能就越多。

人们经常对戏剧里的主角念念不忘,仔细想来剧中主角眼神讯息的传递可占了头彩。那些温柔的眼神,凌厉的眼神,狡黠的眼神,含情的眼神,智慧的眼神,销魂的眼神……都让人难以忘怀。

在人际博弈中眼神可以让你转弱为强,但全在于你的眼神中向对方传递着什么样的剧情。

眼波的流转让您由弱变强

09 顾盼神飞——为什么说眼神可以是人际交往时的一把利器？

突破人际交往的距离的关键，往往就是不经意间的一个眼神。

案例赏析

让我们一起见证庄严时刻

每天为了见证短短的2分零8秒，都有来自全国各地的群众聚集到天安门广场，等待五星红旗的升起。36名国旗护卫队队员迈着整齐的步伐走出天安门，踏上金水桥，穿过长安街，来到广场旗杆下，随着升旗队员干净利落的甩旗动作，五星红旗伴着《义勇军进行曲》冉冉升起。这期间，无论是路过的行人还是翘首以待的群众，都会庄严地站立且行注目礼，这是一种震撼。

案例分析：向我们的国旗行注目礼是对我们国家的尊重与捍卫。

女排的注目礼

在一次世界女排香港站比赛中，中国队与泰国队在开赛前进行热身训练。这时候国歌响起，几秒钟的茫然过后，中国女排的姑娘们纷纷停止了训练，原地肃立，将目光投向五星红旗。女排行注目礼是一种尊重祖国、尊重自己的行为。

华礼语录

1. 相人莫良于眸子。

2. 眉目可以传情。

3. 看见才能被看见，尊重才能被尊重。

4. 目容端，莫斜视。

5. 最高境界的交流是眼神的交流。

6. 人际交往的最高境界是你还没有开口，对方已经喜欢上你了。

7. 一见钟情，是一辈子也抹不掉的记忆。

8. 一个场合里，如果你可以用你的眼神照顾到其他每个人的眼神，你的关注度就会越高。

9. 眼神可以表达爱恨情仇。

10. 用目光交流，减少了沟通的成本。

11. 眼神是一把双刃剑，既可以是武器，又可以是心灵的港湾。

12. 同事之间的交流要用真诚与眼神沟通。

13. 一个非常有水平的领导，要用目光管理别人，必须要先用目光管理自己，不要让你的下属直接通过目光看到你的底线。

14. 眼神里有相信的力量，有爱和鼓励。

15. 奇迹往往发生在对方给你的目光当中。

民俗谚语

1. 我目送你三里，我心送你十里。

2. 站得高，看得远。

3. 只可远望千里，不可近看眼前。

4. 耳闻不如一见。

5. 眼睛比嘴还会传情。

6. 眼不见，心不烦。

7. 耳听为虚，眼见为实。

子夏问曰:"'巧笑倩兮,美目盼兮,素以为绚兮',何谓也?"子曰:"绘事后素。"曰:"礼后乎?"子曰:"起予者商也!始可与言诗已矣。"

子夏问道:"'美的笑容,酒涡微动;美的眼睛,黑白传神;洁白纸上,灿烂颜色。'这是什么意思?"孔子说:"先有白底子,而后才绘画。"子夏说:"那么礼在后吗?"孔子说:"启发我的是你呀,这样才可以与你讲诗了。"比喻有良好的质地,才能进行锦上添花的加工。只有内在的包容,才有外在的笑容。如果一个人内心黑暗,一定不会有灿烂的笑容,笑容,是心花怒放的表现。正所谓:"有深爱者,必生和气,有和气,必有愉色,有愉色必有婉容。"

领导者须知

真正值钱的是不花一文钱的微笑,成本最低,效率最高。作为领导者,请每天对自己的下属、员工和客户微笑吧!

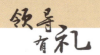

第二节　如沐春风——沁人心脾的微笑礼仪

古语导读

巧笑倩兮，美目盼兮。

——《诗经·卫风·硕人》

巧笑的两靥多么好看，水灵灵的双眼分外娇美。

庄姜，是齐国公主，嫁到朝歌来，为卫侯之妻，是历史上第一个因美貌而走进诗歌的女子。"手如柔荑，肤如凝脂，领如蝤蛴，齿如瓠犀，螓首蛾眉，巧笑倩兮，美目盼兮。"这七句诗集中描述庄姜美丽的容貌，通过一连串的比喻和排比，使形象更为逼真传神，如一幅栩栩如生的美人图。诗词中描写美女常用这些比喻，即源于此。

华礼观点

01 明眸皓齿——微笑的标准一定要露出6—8颗牙齿吗?

微笑是一种个性化的表情，不应该用技术化、标准化的形式

第三章 ■一见如故——热情周到的接待礼仪

加以规定，对微笑的要求表现得整齐划一是不符合礼仪的。只要出发点是真诚的，内心是柔软的，微笑就是最美的！

02 谑浪笑敖——微笑的用处妙在哪里？

（1）强化第一印象。初次见面时面带微笑，就可以获得热情、善良、友好、诚挚的第一印象。

（2）化解交往矛盾。俗话说："伸手不打笑脸人。"面对一

真诚的微笑就是最美的妆容

张微笑着的脸，朋友之间，同事之间，再深的矛盾，也可以被化解。

（3）体现敬业精神。在众多服务行业中，大都要求从业者微笑服务，它是敬业精神的一种体现。

03 一笑倾城——什么样的微笑才是最美的？

想起微笑，会让人联想起花朵。

在2008年北京奥运会上，礼仪小姐的"中国式微笑"给全世界留下了非常深刻的印象，她们的表现都特别优美。美中不足的是，礼仪小姐脸上的表情是定格的，有些僵硬，看久了会让别

人觉得没有什么灵气。

什么样的微笑才是最美的呢?

(1)微笑是动态的。

(2)微笑是亲切自然的。

(3)微笑是协调的。

(4)微笑是文雅的。

(5)微笑是适度的。

微笑像花儿一样美丽,让人赏心悦目,同时沁人心脾。

04 笑比河清——微笑时要用哪一颗心?

微笑时要有诚心,要发自内心。

发自内心的笑让您在职场之中更胜一筹

05 莞尔而笑——如何判断真笑和假笑?

真笑会自然地调动起人的五官：眼睛略眯起、有神，眉毛上扬并稍弯，鼻翼微张，脸肌收拢，嘴角上翘。即眼到、眉到、鼻到、肌到、嘴到。真笑会让对方觉得很舒服，假笑犹如强拧的笑脸总会给人带来压迫感。

06 拈花一笑——微笑是脸上的哪些部位和肌肉群一起演奏的交响乐?

笑是人们的眉、眼、鼻、口、齿以及面部肌肉群一起演奏的交响乐。

07 笑逐颜开——如何训练微笑?

（1）咬筷子训练法

用门牙轻轻地咬住筷子，保持10秒钟，轻轻地拔出筷子之后，保持脸部状态10秒钟，恢复原来的状态并放松。

（2）眼中含笑训练法

将眼睛以下的部分挡住，练习微笑，要求从眼中能看出笑的表情。

目的在于：练习多部位器官协调动作。

（3）细节训练法

① 小微笑

提起嘴角，露出 2 颗门牙，配合微笑，保持 5 秒，恢复原来的状态并放松。

② 大微笑

提起嘴角，露出 5—6 颗上门牙，眼睛保持微笑，保持 5 秒，恢复原来的状态并放松。

③ 哆来咪练习法

从低音到高音一个音一个音地充分进行练习，放松肌肉后，伸直手掌温柔地按摩嘴周围。

08 满面春风——微笑礼仪一定要知道的"四个要"是哪四个？

（1）发自内心。

（2）笑的时候要精神饱满、神采奕奕、亲切甜美，神情结合。

微笑的举止有度是个人涵养的最好体现

（3）声情并茂，相辅相成，别人才能感受到你的热情和诚意。

（4）微笑要与仪表举止和谐一致。

09 倚门卖笑——微笑礼仪的"四不要"是什么？

（1）不要缺乏诚意、强装笑脸。

（2）不要露出笑容随即收起。

（3）不要被情绪左右、皮笑肉不笑。

（4）不要只把微笑仅仅留给上级、朋友等极少数人。

10 笑颜如花——遇到国际友人如何留下美好的第一印象？

眼笑眉飞，微笑是不需要翻译的国际语言。

微笑是无国界沟通的最佳语言

案例赏析

史坦哈的微笑

史坦哈已经结婚18年多了,在这段时间里,从早上起来,到他要上班的时候,他很少对自己的太太微笑,或对她说上几句话。史坦哈觉得自己是百老汇最闷闷不乐的人。

后来,在史坦哈参加的继续教育培训班中,他被要求准备以微笑的经验发表一段谈话,他就决定亲自试一个星期看看。

现在,史坦哈要去上班的时候,就会对大楼的电梯管理员微笑着,说一声:"早安!"他微笑着跟大楼门口的警卫打招呼;他对地铁的检票小姐微笑;当他站在交易所时,他对那些以前从没见过自己微笑的人微笑。

史坦哈很快就发现,每一个人也对他报以微笑。他以一种愉悦的态度,来对待那些满肚子牢骚的人。他一面听着他们的牢骚,一面微笑着,问题就很容易解决。史坦哈还发现微笑带给了自己更多的收入。

案例分析:微笑可以改变我们的生活。

桑兰的微笑

桑兰在面对人生中如此重大的变故时表现出来的乐观使人们为之感动。

1998年7月21日晚在纽约友好运动会上意外受伤之后,默默无闻的、17岁的中国体操队队员桑兰成了全世界最受关注的人。

第三章 一见如故——热情周到的接待礼仪

这确实是个意外。当时桑兰正在进行跳马比赛的赛前热身，在她起跳的那一瞬间，外队一教练"马"前探头干扰了她，导致她动作变形，从高空栽到地上，而且是头先着地。

这个笑容甜美的姑娘来自浙江宁波，1993年进入国家队，个性温顺，但在遭受如此重大的变故后却表现出难得的坚毅。她的主治医生说："桑兰表现得非常勇敢，她从未抱怨什么，对她我能找到表达的词就是'勇气'。"就算是知道自己再也站不起来之后，她也绝不后悔练体操，她说："我对自己有信心，我永远不会放弃希望。"

因为她的坚强、乐观，美国院方称她为"伟大的中国人民光辉形象"，而那么多美国普通人去看她，并不只是因为她受伤了，而是为她的精神所感染。

国务院副总理钱其琛在看望桑兰时说："中国领导人和中国人民都知道这位勇敢的女孩的事。"美国总统克林顿、前总统卡特和里根都曾给桑兰写过信，赞扬她面对悲剧时表现出来的勇气。桑兰与"超人"会面的经过在美国ABC电视台播出，这个电视台50年来只采访过两个中国人，一个是邓小平，一个是桑兰。桑兰还如愿以偿地见到了自己的偶像里奥纳多·迪卡普里奥和席琳·迪翁。她的监护人说："她太可爱了，像我们这些在她身边的人都愿意去帮助她……"

微笑意味着成功，微笑富有魅力，招人喜爱。微笑被人誉为"解语之花，忘忧之草"。

领导有礼

趣味贴士

小蜗牛的一封信

一天下午,一群蚂蚁正忙着搬东西。他们从蜗牛身边经过时,小蜗牛正友好地向他们微笑。"小蜗牛,你的微笑真甜!"一只小蚂蚁说道。"对呀,我可以对朋友们微笑!"小蜗牛想,可一想又不对,"难道让朋友们放下手中的活,跑来看我微笑吗?"忽然,小蜗牛有了一个新想法。

第二天,小蜗牛把厚厚的一沓信交给小兔子,让她给森林里的每一位朋友送去。朋友们拆开信,里面是一张画,画的是一只正在甜甜微笑的小蜗牛,画下还有一行字:"当您觉得孤单或者不开心的时候,请记住您的朋友小蜗牛,正对着你微笑呢!"

"小蜗牛真了不起,他把微笑送给了整座森林!"朋友们都这么说。

华礼语录

1. 有笑才有效,有效才有料。

2. 幽默是心灵的微笑。最深刻的幽默是一颗受了致命伤的心灵发出的微笑。

3. 真正值钱的是不花一文钱的微笑。——查尔斯·史考勃

4. 微笑,是永不作废的通行证。

5. 微笑,是人际交往的润滑剂。

6. 夫子莞尔而笑。——孔子

7. 当你微笑时,世界爱了他;当他大笑时,世界便怕了他。——泰戈尔

8. 没有微笑不开店。

9. 笑是两个人之间最短的距离,也是最好的破冰的武器。

10. 三样东西有助于缓解生命的辛劳:希望,睡眠和微笑。——康德

11. 凡为女子,笑不露齿。

12. 微笑是一种神奇的电波,它会使别人在不知不觉中同意你。——卡耐基

13. 微笑吧,你把微笑当作礼物馈赠别人,别人也会用微笑回报你。

14. 微笑比电便宜,比灯灿烂。

15. 回眸一笑百媚生,六宫粉黛无颜色。

民俗谚语

1. 笑一笑,十年少;愁一愁,白了头。

2. 伸手不打笑脸人。

3. 一笑解千愁。

4. 常乐常笑,益寿之道。

"万人从中一握手,使我衣袖三年香"(清·龚自珍《投宋于庭》)两句诗,表示在成千上万的人群中,很幸运地与你握了一下手,使我的衣袖直到三年后还留有香气。描写对某人的敬仰尊崇,一次握手,衣袖三年留有余香。常用来形容某人得到一份难得的宠遇,自觉受宠若惊,异常欣喜。一次真诚有礼的握手,确实可以让人终生难忘。相反,握住一只死鱼手,会给人以不够真诚的感觉,从此不愿再与此人共事。

领导者须知

作为领导,更得为成交负责,因此,一次有意义的握手礼,是开启一次成交的开始。

第三节　真诚以待——彬彬有礼的握手礼仪

古语导读

握手言和。

和好如初、重归于好的意思。

背景阐述

01 握瑜怀玉——古人的经典里是怎么记载握手的？

古时在离别、会晤或有所嘱托时，皆以握手表示亲近或信任。

汉·《东观汉记·马援传》："援素与述同乡里，相善，以为至当握手迎如平生。"

唐·元结《别王佐卿序》："在少年时，握手笑别，虽远不恨。"

宋·陆游《斋中杂兴》诗之十："道逢若耶叟，握手开苍颜。"

清·纳兰性德《于中好·送梁汾南还为题小影》词："握手西风泪不干，年来多在别离间。"

02 握云拿雾——握手礼的起源是什么?

握手最早发生在人类"刀耕火种"的年代。那时,在狩猎和战争时,人们手上经常拿着石块或棍棒等武器。他们遇见陌生人时,如果大家都无恶意,就要放下手中的东西,并伸开手掌,让对方抚摸手掌心,表示手中没有藏武器。这种习惯逐渐演变成今天的握手礼节。

也有一种很普遍的说法是中世纪战争期间,骑士们都穿盔甲,除两只眼睛外,全身都包裹在铁甲里,随时准备冲向敌人。如果表示友好,互相走近时就脱去右手的甲胄,伸出右手,表示没有武器,互相握手言好。后来,这种友好的表示方式流传到民间,就成了握手礼。

华礼观点

01 握拳透掌——握手可以暴露一个人多少信息?

握手是交际的一部分,握手的力量、姿势与时间的长短往往能够表达出你对对方不同的礼遇与态度,从而显露自己的个性,给人留下不同的印象。

02 握手极欢——如何握手?

握手时,两人相距约一步,两人的手掌与地面垂直,虎口相对，掌心相对，满掌满握，欠身15度，四目相对，面带微笑，握住手上下振动2—3次，同时简单地向对方表达致意或寒暄几句。

握手的技术是政务人士必备技能之一

03 握纲提领——握手的关键词是哪几个？

握手的关键词是平等，信任，热情。

04 瞬息万变——握手时间的长短该如何把握？

握手并不是一直握着不放，就像男女握手假如一直握着不放，就会给人一种轻浮的印象，当然也不是还没握紧就立马放下来。在一些场合中，握多久，取决于你与对方的感觉。

05 力度适宜——握手时手掌到底用几分力气才符合握手的标准呢?

双方握手,要有一个合适的力度:不能太轻,否则显得不够重视;不能太重,否则显得不够稳重和礼貌。那么握手时手掌到底用几分力气呢?一般"回力就是回礼",当对方用力表示欢迎时,我们就要用相应的力度回应,这个就需要双方互相拿捏了。

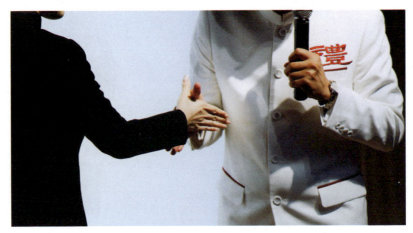

握手讲究两个相对:掌心相对和虎口相对

06 有规有矩——握手时谁有优先出手权?

男士与女士身份对等的情况下,女士有优先出手权。

长者与幼者,长者有优先出手权。

尊者与卑者,尊者有优先出手权。

07 握手言欢——握手礼仪都有哪些类别?

握手礼仪大约总结有十种:(1)垂臂式握手:尊重郑重,适用场合：正式社交。（2）背臂式握手：自信年轻，适用场合：会议前后。（3）环抱式握手：感激祝贺，适用场合：庆祝喜事。（4）拍臂式握手：鼓励赞誉，适用场合：视察工作。（5）抚肩式握手：托付拜托，适用场合：托付交代。（6）搂腰式握手：亲密无间，适用场合：私下聚会。（7）按压式握手：安慰嘱托，适用场合：医院殡葬。（8）挠手式握手：爱慕暗示，适用场合：舞会酒会。（9）政治式握手：外交态度，适用场合：首脑会面。（10）照相式握手：示意友好，适用场合：面对记者。

垂臂式握手：尊重郑重，适用场合：正式社交

抚肩式握手：托付拜托，适用场合：托付交代

按压式握手：安慰嘱托，适用场合：慰问安抚

搂腰式握手：亲密无间，适用场合：私下聚会

第三章 一见如故——热情周到的接待礼仪

照相式握手：示意友好，适用场合：面对记者

政治式握手：外交态度，适用场合：首脑会面

08 握炭流汤——手是冰冷的，该不该与人家握手？

握手不在于你的手是冰的还是热的，而在于你能不能让别人感受到你的热情。

09 握手谈笑——有人把手伸向小孩子，家长该不该拒绝？

握手体现尊重、平等，家长理应鼓励小孩子积极伸手，以表达对别人的尊重。

10 握发吐哺——握手时要脱帽子和手套吗？

是的，否则显得不尊重对方。

握手就是尊重他人的开始

第三章 一见如故——热情周到的接待礼仪

案例赏析

历史性的握手

1989年5月,在戈尔巴乔夫访华前夕,邓小平曾指示外交部,他与戈尔巴乔夫会见时"只握手,不拥抱",这不仅是对外交礼节的一种示意,更是对两国未来关系的定位。尼克松总统在回忆自己首次访华在机场与周总理见面时说:"当我从飞机舷梯上走下来时,决心伸出我的手,向他走去。当我们的手握在一起时,一个时代结束了,另一个时代开始了。"据基辛格回忆,当时尼克松为了突出这个"握手"的镜头,还特意要求包括基辛格在内的所有随行人员都留在专机上,等他和周恩来完成这个"历史性的握手"后,才允许他们走下飞机。

案例分析:握手是政治外交非常重要的礼节之一。

趣味贴士

一颗丢了的宝石

这是一个圣诞节的前夜,快打烊的时候进来了一位40岁左右的男人,穿了一套皱巴巴的西装,领带也没打,他在珠宝店转悠,却是一副心不在焉的样子,说道:"小姐请把这个手链拿给我看看?"

姑娘迟疑了一下还是递给了他,等这位男士还回手链的时候，姑娘亲眼看到手链上的5颗宝石变成了4颗，为什么会少了一颗？她紧走了几步，在珠宝店门口追上了男子，伸出右手微笑着说："先生，圣诞节快乐！"男子迟疑了一下，也伸出右手握住她，说道："谢谢！"说完，转身走向门外。姑娘突然感觉手心多了个硬硬的东西，就是那颗丢失了的宝石。

十年后的一个圣诞节前夜，还是在这家珠宝店，一位富商握住了珠宝店女老板的手："谢谢你！是你给了我自尊，给了我生存的智慧。谢谢你！"女老板就是当年的那位姑娘。

华礼语录

1. 握手之礼，源于挑战，经于谈判，终于言和。

2. 握手言和。

3. 什么叫掌握？用掌去握。

4. 握手谈笑。

5. 你的握手态度，显示你的修养高度。

6. 你不能和一个握紧着的拳头握手。

7. 力量传递信任。

8. 恋爱给与的最大的幸福，就是与爱人初次的握手。——司汤达

9. 万人丛中一握手，使我衣袖三年香。——龚自珍

10. 握手言和心亦和，把酒言欢心也欢。

民俗谚语

1. 台上握手——台下使绊子
2. 半天云中拍巴掌——高手
3. 如来佛的手——仙人掌
4. 云彩里摆手——高招
5. 拳师教徒弟——留一手

第四章
温文尔雅——切切于心的通信礼仪

　　随着现代社会的发展,各种通信工具为人们的沟通带来了极大的便利,即便不见面,也可以完成很多事情。然而,双方的沟通却不能因不见面而失礼,为什么呢?《礼记·乐记》有云:"音之起,由人心生也。人心之动,物使之然也。"歌曲的起因,产生于人心。人心的萌动,是事物影响的结果。心受事物的影响而萌动,因而表现为声音。当打电话给对方时,是否能与对方顺利沟通、不失礼节地交待事情呢?这需要内心修炼和刻意训练。

领导者须知

　　当领导和对方通话完毕时,谁先挂电话?当给对方写信时,信件的称呼语及正文是否能写几句典雅别致的文言呢?当需要加对方微信时,您是否会说:"来来来,让我扫你吧!"如果是这样,那么建议阁下务必仔细阅读此章节吧——

《乐记》有言："知声而不知音者，禽兽是也。""知音而不知乐者，众庶是也。"《乐记》又言："凡音者，生人心者也。情动于中，故行于声。声成文，谓之音。"

鸿雁传书、飞马送信，诸如此类艰辛且漫长的信息传递方式，已经随着当今科技的飞速发展，定格在古代浪漫的故事与传说。电话、手机、电子邮件、传真、网络设施给人们带来更多便捷的通信方式。现代人的沟通和交往已经在很大程度地依赖各式各样的通信工具。现代通信方式方便了联络人的同时，也给人们带来新的问题。人们一旦拥有了便捷的，能随时随地与对方交流的方式，是否就可以随心所欲地去使用呢？电话被现代人公认为最便利的通信工具，尤其是智能手机，与面对面的谈话相差无几。但也正因为"闻其声，不见其人"的特性，人们在接打电话时一不留神就会产生失礼行为。

领导者须知

理性感性寄于声线，真诚虚伪映在瞳仁。

声音是有感情的，同时也是有表情的，甜美的声音，如一股春风般沁人心脾，而粗暴无礼的声音，就和汽车刹车一样，令人恐惧，令人不快。

领导有礼

第一节 洋洋盈耳——声情并茂的电话礼仪

古语导读

凡音者，生人心者也。情动于中，故形于声。声成文，谓之音。

——《乐记》

一切声音都产生于人的内心，情感在心中激荡，通过声音表达出来。声音组合成有条理的表达，是人与人之间心心相印的沟通，音乐般美妙。音乐的道理，与政治是相通的，为政之人，必得深谙声音、音乐与为政得失的内在关联。

华礼观点

01 洋洋盈耳——"嘈嘈切切错杂弹，大珠小珠落玉盘。"对现代人通电话有什么启示？

这句出自唐代诗人白居易的《琵琶行》的名句，常用于形容声音美妙，就像珠子落在玉盘上发出的声音清脆悦耳。打电话前

第四章 ■ 温文尔雅——切切于心的通信礼仪

理应整理嗓音，避免沙哑、口齿不清晰的发音状态（如不应躺着打电话），力求将语音清晰、明朗地传递给对方，使得对方在轻松愉悦心情下倾听，接收表达的信息，加强交流的效果。

02 音中有笑——"昆山玉碎凤凰叫，芙蓉泣露香兰笑。"最吸引人的交谈声音是怎样的？

出自唐代诗人李贺《李凭箜篌引》的诗词，描述出了一幅有声音感的画面。如果通电话时面带微笑，让话语传递着微笑的声音，可以让听者觉得对方亲切友好，内涵十足。带笑的声音还要注意调节语气、语调与节奏。语气要温和，语调上扬，多用探问的口吻，语速平缓适中。

您在电话里的语调更容易让他人留下深刻印象

03 预立不废——拨打电话前应该做怎样的准备呢?

凡事预则立,不预则废。领导人拨打电话作指示前应作准备,要将所讲事情打好腹稿或写在纸上,先把在电话里需陈述的内容罗列整理,避免讲述时思维混乱不清晰,或有遗漏后又反复打给对方,造成指令不明,产生不必要的麻烦。

拨打电话前应作好准备

04 滴漏须臾——打电话应怎样控制时间呢?

(1)要选择适宜的时间打电话,避免在晚十点后至早八点前、用餐和午休时段拨打电话,以免影响他人休息。紧急事情必须通话,应该礼貌告扰。如果与国外通话还应考虑时差问题,要选择对方方便的时间。

(2)要控制说话时长,通话3到5分钟为宜,过长时间会干扰到对方的生活和工作。寒暄之后直奔主题，避免吞吞吐吐，以免浪费时间。

05 征询告扰——电话一接通后怎样做是合适的呢？

电话接通后，应该说明身份和来电大意，征询对方同意后，方可交流。通常可说："我现在和您聊某事方便吗？"不可直接开讲，不考虑对方处境，而造成妨碍对方或使对方尴尬。打完电话说打扰以示礼貌。

06 尊者为先——匆匆挂断电话是礼貌行为吗？

结束通话内容后急着挂断很不礼貌。应以"打扰、谢谢、再见"等礼貌用语作为结束。给尊者打电话时，还可以询问对方"您还有其他的事情吗？"来表示我已经说完。电话挂断的顺序以

挂断电话的方式是个人修养的体现

尊者为先,也就是将"嘟嘟"的机器声留给自己。和下属通话时也不宜直接挂断,不然会显得傲慢粗暴。

07 余音袅袅——拨打错了号码应该怎么办?

打错电话应礼貌地向对方致以歉意,不可粗鲁无礼地直接挂断。即便没有真正的通话交流,也要给对方留下良好的印象,不让对方因被打扰而影响情绪。

08 朗朗回声——接听电话时的声音礼仪有哪些?

电话铃声响起,尽快接听。声音明朗清晰地送声接听,不可口内含糊应声,发出鼻音似的哼着说话,也不可边嚼食吞咽边应答。应先礼貌地问候"你好!"有必要时要自报单位或岗位,如"我是某某"。切忌拿起电话劈头就问:"喂,找谁?"既不装腔作势,也不娇声娇气。

09 侧耳倾听——交流倾听时应注意哪些礼节?

仔细、认真倾听来电,搞清楚对方语义,应该不时地回应对方,表示正在倾听。因为交流双方没有目光、神态的会意交流,所以,隔空对话,在对方说到重要内容时,应是适当使用加重语气词来表达对意思的明了接受。不要在接电话时,长时间静声不语,让对方感觉好像是在自言自语。在用"是,是""好,好吧"等回应时,一定要用得恰到好处,否则会适得其反。要根据对方

第四章 温文尔雅——切切于心的通信礼仪

的身份、年龄、场合等具体情况，方式各异地应答。

接打电话是的话语是尊重他人的直观体现

10 拒听得当——如果不能在当下电话交流应该怎样做？

拒绝来电交流应婉言表达。如果来电在时间、场合不是很合适时，则需委婉告知对方，当下谈某事不方便，再另约时间。在婉言拒听时，应将音量稍稍放小，语气以询问方式来表达中断谈话。直接挂断电话，或者不再约谈时间，都会给造成别人误会，显得粗鲁而无教养。

11 知错就改——接打电话有哪些行为显得无教养呢？

接打电话不自报身份，直接说是我，让对方猜去；单方面直接中断电话，不给对方反应的时间；边打电话边做别的事情，或者躺着，睡着打电话；或者吃着东西，含糊不清地说话；没完没了地讲话，不理会对方终止的示意；故意打骚扰电话，干扰对方正常生活和工作，以上这些接打电话的行为，都显得无教养。

懒散的靠着椅背打电话

倚在门上打电话

12 张冠李戴——代他人接电话时需要注意些什么？

代接电话时应注意两个避免：一是身份对象搞错，要及时说明自己的身份，以免造成尴尬。"对不起，他不在。你好，我是某某。"二是代接转告，务必复述，在确定没有误解来电信息后，方可代转，不至于造成传达错误。注意不要因为自己是领导就贸然介入电话内容，当需要问及来电方的具体信息时，可以说："有什么事我可以转告吗？

13 应答有礼——接听时怎样才不会在第一时间让对方心生不悦？

电话铃声响一声大约三秒钟、或三声内及时接听视为礼貌。若长时间未接电话，要理解对方在久等待时会产生急躁不悦的心理。接听的第一时间，应该先向对方致以歉意，而不是慢悠悠地只是"喂"一声，显得漫不经心，造成傲慢不屑的印象。

14 复而不略——未接来电置之不理，这样好吗？

现代生活信息繁多，人们常常因快节奏而不可避免地造成一些信息忽略。应养成浏览留存信息的习惯，可随时关注未接听的电话，并及时回复来电。对于陌生号码的未接来电，有选择地拒听或者忽略，尚可理解。但对于相知熟识的来电也置之不理，显然会给对方造成被轻视、不友好、不礼貌的感觉和印象。如不方便回复，可用其他方式向对方致歉。这样的行为不失为上级对下

第一时间接听电话是尊重他人的最佳方式

级的关注、平等身份中的礼貌、长幼高低身份间的尊重。

15 言语生情——电话交流用语常有礼貌用词会有什么效果？

通电话时因为双方隔空对话，除了有声语言的传递，没有其他表情信息。如果能多使用礼貌用词，如"您好""请""谢谢""麻烦您""抱歉，对不起"，等等。用"我表达清晰了吗？"代替"你听清楚了吗？"；用"麻烦你、请你再重复一遍。"代替"你给我再讲一遍。"的命令句式。这就能将语言的"温度"提升，电波里就更富有人情味儿。

16 动而不乱——移动电话会有移动着的干扰有哪些场所呢？

公共场合手机的使用要做到不随性，因为接打电话或打开手机喇叭播放音乐"噪音"，都有可能干扰别人。注意适时开机与关机。在影院、剧场、会议室、休息间，应该关机或调至静音状态，以免电话铃声突然而至，打破本该有的安静。

在飞机上和开车时，在加油站、医院病房等禁用地点，谁都没有特权可以肆意使用手机。

公共场所，如电梯间、公车上、马路上、餐厅里都不可以旁若无人地在电话里发号施令，既影响其他人工作，又损害自身的形象。

17 平易近人——手机是显示身份地位的标志吗？

手机只是通信工具，不要当作炫耀手段在人前作势。一个喜欢炫耀自己的领导会让大多数人与之保持距离。或是让下属效仿掀起浮夸之风，或是引起下级不满不敬。拿手机炫富更会显得没有品位和修养。

18 方便于人——号码变更后应怎样做？

保持手机畅通是现代人际交往的重要手段。手机长时间失联状态不利于工作信息交互连接，也会给周围的人带来不便。更改号码或暂停使用，或者丢失都应及时知会有关人士，以方便他人与自己联络。

19 简明扼要——手机文字短信可以洋洋洒洒吗？

手机文字不宜内容啰嗦，长篇大论。使用手机收发文字信息时力求精炼简洁，注意语言文字段落分解以及前后表述的逻辑性。

编发短信用字用语需规范准确、表意清晰。短信内容后最好留姓名,以便接收方知晓发送人。

20 弱化个性——手机外壳和内在可以特别私人化吗?

作为领导人,对于周围的人,具有很强的影响力和示范性。不适宜高调炫耀,而将自己的手机包装成豪华或者奇形怪状。一些企业家喜欢在手机上镶金嵌钻,以显富贵,其实都不是很妥当的行为。

案例赏析

阴差阳错的一通电话

景总今天刚到办公室,电话响起来,景总接听来电:"你好,哪位?"对方是邹总,他声音很大地说:"什么哪位呀?是我!"景总没听出来,很奇怪地问:"你是谁呀?"邹总答道:"我是我呀。你怎么连我都没听出来呀!"景总觉得莫名其妙地说:"你打错了吧?"邹总一愣却说"你是谁呀?"景总说:"我是景总。"邹总却反问:"你不是梁总吗?你电话号码是多少?"当景总说出电话时,邹总一听就把电话给挂掉了。

分析提示:打错电话虽是生活小事,但如果遭遇粗暴态度,着实让人心堵。这都是因为电话礼仪的普及水平还远跟不上电话通信被使用的发展速度。人们一方面在最大限度地享受着现代通

第四章 温文尔雅——切切于心的通信礼仪

信设施所带来的更加方便快捷的生活方式；另一方面却极度忽视应随科技发展而提升的礼仪文化。忽视通信礼仪的后果，往往要更劣于人们见面时的礼节不周带来的影响。

趣味贴士

在公务活动中，电话更是十分重要的工具。一个电话就能解决问题。蒋纬国和蒋彦士处理电话的艺术也许有借鉴价值。"二蒋"，一个是蒋介石的二儿子、陆军上将蒋纬国，另一个是曾任国民党中央秘书长的蒋彦士。蒋彦士的特点就是打出电话时，从来不要秘书先代拨通，再把电话转给他。因为这样一来对方得等待片刻，既不礼貌又浪费时间。蒋彦士认为，不受秘书的盘问，不需要在电话中听音乐，那种感受是很愉快的。蒋纬国打出电话，首先要自报名字，而不是"喂，喂，喂，你是哪个"盘问一通。领导人亲自打电话与先自报家门的好处，一是表示了礼貌，可改进作风形象；二是节约时间。一个领导人如果平均每天接打10次电话，都请秘书先去接转，再"喂，喂，喂"地询问一阵，需要一分半钟，一天就是15分钟，一年就浪费了5 000多分钟，接近100个小时。当然这意思并非说高级领导人什么都得"事必躬亲"，而是指这样做，对领导与秘书都应有一定的启示意义。

华礼语录

1. 电话听声音，千里传真情。

2. 电话是不见面的礼仪,礼仪是不说话的素养。

3. 当对方在电话那头咆哮时,有时你必须保持沉默,以便令人听到你的话语。

4. 沉默是一种处世哲学,用得好时,又是一种艺术。

5. 如果希望成为一个善于谈话的人,那就先做一个致意倾听的人。

6. 当你思考准备说什么的时候,就做出一副彬彬有礼的样子,因为这样可以赢得时间。

7. 我们沟通得很好,并非取决于我们对事情述说得很好,而是取决于我们被了解得有多好。

8. 爱一个人就是在拨通电话时忽然不知道要说什么,才知道原来只是想听听那熟悉的声音,原来真正想拨通的,只是心底的一根弦。

9. 手机的普及在某种意义上反映了现代人这种"既需要同伴又追求孤独"的自相矛盾的心理。

民俗谚语

1. 千里打电话——遥相呼应
2. 半云天里打电话——空谈
3. 坐飞机打电话——唱高调
4. 马背上接电话——奇(骑)闻
5. 坐飞机打电话——空谈

第二节　一触即发——指尖之上的微信礼仪

📖 古语导读

云中谁寄锦书来，雁子回时，月满西楼。

——李清照《一剪梅》

当空中大雁飞回来时，谁托它捎来书信？我正在明月照满的西楼上盼望着呢！

📖 背景阐述

黄耳传书——"雁子回时"借鉴了鸿雁传书的典故吗？

雁子回时，其实是指鸿雁传书。

传说有两个版本，一个是"男人版"：出自《汉书·苏武传》中"苏武牧羊"的故事。据载，汉武帝天汉元年（公元前100年），汉朝使臣中郎将苏武出使匈奴被单于（匈奴君主）扣留，他不肯就范，单于便将他流放到北海（今贝加尔湖）无人区牧羊。19年后，汉昭帝继位，汉匈和好，结为姻亲。汉朝使节来匈，要求放苏武回去，但单于不肯，却又说不出口，便谎称苏武已经死去。后来，汉昭帝又派使节到匈奴，和苏武一起出使匈奴并被扣留的副使常惠，通过禁卒的帮助，在一天晚上秘密会见了汉使，把苏武的情况告诉了汉使，并想出一计，让汉使对单于讲："汉朝天子在上林苑打猎时，射到一只大雁，足上系着一封写在帛上的信，上面写着苏武没死，而是在一个大泽中。"汉使听后非常高兴，就按照常惠的话来责备单于。单于听后大为惊奇，却又无法抵赖，只好把苏武放回。苏武因此被誉为中国历史上最有气节的外交官，而"鸿雁传书"一时亦被传为美谈，这只虚拟的大雁就从此成为了中国邮政翩翩展翅的象征的雏形。

　　有关"鸿雁传书"，民间还流传着另一个凄美的"女人版"：唐朝薛平贵远征在外，妻子王宝钏苦守寒窑数十年矢志不移。有一天，王宝钏正在野外挖野菜，忽然听到空中有鸿雁的叫声，勾起她对丈夫的思念。动情之中，她请求鸿雁代为传书给远征在外的薛平贵，好心的大雁欣然同意，可是荒郊野地哪里去寻笔墨？情急之下，她便撕下罗裙，咬破指尖，用鲜血写下了一封盼望夫妻早日团圆的家书，让鸿雁捎去。

华礼观点

01 迷迷糊糊——不懂微信礼仪，得罪了人你自己知道吗？

　　有时候，朋友@你，你却视而不见，一不小心就得罪了对方。

第四章 ■温文尔雅——切切于心的通信礼仪

微信礼仪是当代社交必不可缺失的礼仪之一

02 后悔莫及——如何对待别人微信时撤回的消息？

俗话说，说出去的话，如泼出去的水。像一种动不动就手滑的人，特别喜欢这项"后悔权"。相信谁都有撤回消息的时候，既然微信给了每个人两分钟的后悔权，无论他是发错对象、说错话抑或者打错字，对方既已撤除，我们又何苦一定要把那句撤除的话在内心生根？推己及人，凡是撤除消息的，应当都是希望对方没有看见吧？都说瑕不掩瑜，说话也是一样，关键是多看瑕中之玉，还是紧盯玉中之瑕？对于别人撤回的消息，干脆装没看见好了，对亲近的人而言，可少生一次闲气，少伤一次感情；对不熟的人而言，你可以少些闷头猜忌。当然，也有两分钟后才发现自己发错消息或者说错话，对不起，服"药"时机已过，只能送你一句"好汉做事好汉当"了……

03 直截了当——你给别人发消息时直奔主题了吗？

大家对"在吗？""hi！""你有时间吗？""睡了吗？""忙吗？"这种类型的开头方式比较反感。完全可以在一开始，就将目的讲明白，比如："你好，冒昧打扰了，关于这次工作的主题，我有些想法想和你讨论下，请问你现在有时间吗？"讲清楚了你的问题，别人才能针对性的回复，节约彼此的时间成本。

微信沟通礼貌性的问候必不可缺

04 一刻千金——什么时间段给对方发消息比较合适呢？

你是不是随时可以给对方发送消息，取决于和对方的关系。

比如给父母发消息，他们一般睡得比较早，晚上 10 点之前发

请您一定要注意给别人发信息的时间

消息比较合适。

再比如有些人睡眠很浅，也许你只要@下对方，就能打扰到别人的睡眠。所以，给对方发消息要会合理把握时间段。

05 魅力四射——如何经营好自己的朋友圈？

朋友圈像名片，体现你的情商和修养。想经营好自己的朋友圈就要多给别人点赞，多给别人评论，本着给朋友圈带来新知的原则，多晒正能量的文章、图片。同时也要学会展示自我，把自己阳光积极美丽的一面晒一晒，增加大家了解你的机会，也给自己和别人带来快乐。

06 体谅他人——视频通话什么时候使用合适呢？

不是所有人都喜欢视频对话，请牢记！要在双方都同意，双方都没有压力的情况才可以使用视频通话。生活中有些人平时不开4G网络，你突然要求对方视频，容易给对方造成压力！

07 有板有眼——如何礼貌地加别人微信？

（1）把手机正面转向对方；

（2）打开二维码；

（3）说一句话：A：请您扫我！

　　　　　　　　B：领导请扫我！

指导原则：要把自己放低，而不是我来扫你。

礼貌性地加他人微信，是建立第一印象的开始

08 激扬文字——如何回复别人的点赞加评论？

对于别人的点赞要表示感谢，谢谢在朋友圈的另一端还有人人关注着自己。对于别人的评论，我们要积极回复。怎么回复？首先我们要对对方评论的内容做出判断，然后输出和对方评论的观点相符合的价值观。对于一直关注着自己的朋友，或是心中比较重要的人，大家可以找他朋友圈里你觉得自己喜欢的文章、照片，适时点赞，或发表自己的见解和感受。

09 第一印象——第一次给别人发微信加不加称呼和落款？

只要给尊者或者认为在自己心中比较重要的人发微信，前面要有称呼，后面要有落款。

第四章 ■温文尔雅——切切于心的通信礼仪

10 摆正位置——什么时候不可以加别人的微信呢?

有些人,每到一个地方,就会把身边的人的微信都加一圈,更不顾及中间人的感受,没有规则意识。

摆正自身位置,充分考虑中间者感受

11 分门别类——哪些微信可以群发?哪些微信私信会更好一些?

微信可以群发工作通知。一旦涉及比较私人的消息、或者遇到一些不适宜公开的话题,私信会更好一些。同时,有些祝贺类的消息,比如:"拜年啦!",大家也会群发,但是这个时候也要有针对性,就自己心中认为比较重要的人,要私人订制微信内容,内容要前有称呼后有落款。

12 身无择行——与别人沟通什么时候可以用文字,什么时候可以用语音?

跟对方交流,重要的谈话用文字,表示对对方的真诚和尊重,同时有据可循。更重要的是文字让别人看得舒服些。

13 红包飞扬——如何抢红包更有礼貌?

文明抢红包,不要嫌红包太小,红包再小也是肉,更要看重红包后面的情意,抢到红包时要立即表示感谢,要知道发红包的包主那一刻正在关注有哪几位对他表示感谢了呢!更值得注意的是,不要只抢不发,大家礼尚往来,开心真诚才是本质!

"生财有道",礼尚往来,抢到红包记得说声:谢谢

14 三心二意——工作的时候,可以一边聊天一边发微信吗?

尽管别人同意你一边聊天一边发微信,其实对方心里也是不舒服的。

15 扫地出门——如何把一些群里散播负能量的人请出群呢?

先私信,比如说群里有人反映××严重违反群规,小心会被删,说明缘由,然后再请出群。

16 大家风范——你加别人好友时表明身份了吗?

加别人好友时,表明身份,不仅是对别人的尊重,更是体现

第四章 温文尔雅——切切于心的通信礼仪

自身素养的机会。

案例赏析

领导，我扫你？

一次饭局上，有位领导威望很高，饭局结束后，王君想加领导微信，他拿出手机说道："领导，我扫你？"领导半开玩笑地问："怎么扫？"王君答道："随便怎么扫你，横着扫竖着扫都可以？"领导看看他那副无礼的样子，当场拒绝了他。

案例分析：我们在恳请加别人微信的时候，要注意我们用词和姿态，时刻保持谦虚。

华礼语录

1. 不懂微信礼仪的人，要么动机不良，要么就是情商太低。
2. 微信就是微笑加相信。
3. 没有征求别人的同意，不要把和别人的聊天界面分享到朋友圈。
4. 点赞是微信社交的礼尚往来。
5. 脱离离现实太远的人，永远是在微信上找自我。
6. 孔子的微信语言是《论语》，老子的微信语言是《道德经》，庄子的微信礼仪是《逍遥游》。
7. "点赞"不仅使发布者心理上得到了满足感同时也为一些

不善于表达甚至不经常联系的朋友建立了一个彼此交流的方式。

民俗谚语

1. 评论就是心交心，点赞就是正能量。

2. 微信——虚拟网络社交。

3. 有了微信无所不能，没有微信万万不能。

4. 手机俘虏——微信依赖症。

礼仪之原则,乃"自卑而尊人",我们与人相处时,由于现实的特殊原因,不可能事事见面,于是只能将礼仪与情感体现在笔墨之间,寄托于邮驿之中,揖让进退不仅依然可见,而且更显彬彬有礼,温文尔雅。

在当下高效率、快节奏的现代工作生活中,多样化的通信方式日新月异。政务、商务活动书信交流似乎愈来愈淡出人们的视线。书信往来真的没有必要吗?传统的书信礼仪已经过时了吗?其实不尽然。公司的重大活动邀请或通知仅仅群发短信或电子邮件就可以吗?作为领导人,与对方的书信往来中如何体现自己的独特的典雅素养呢?重要沟通如何以一封得体的信函提升交流质量呢?

领导,请您铺开信笺,拿起笔来,给你重要的合作伙伴写一封信吧……

领导者须知

幸福露在眼角,真情流淌笔尖,性格写在唇边。

一份充满尊重、体现严谨的书信,反映了书信者的内涵与修养。作为领导者,不妨在员工生日那天,给他一份信,告诉他,你是哪一天记住他的名字的!

第三节　鸿雁传情——近悦远来的书信礼仪

> **古语导读**
>
> 曾国藩写给族中兄弟的家书

四位老弟左右：

　　昨廿七日接信，快畅之至，以信多而处处详明也。四弟七夕诗甚佳，已详批诗后；从此多作诗亦甚好，但须有志有恒，乃有成就耳。……吾人只有进德、修业两事靠得住。进德，则孝弟仁义是也；修业，则诗文作字是也。此者由我做主，得尺则我之尺也，得寸则我之寸也。今日进一分德，便算积了一升谷；明日修一分业，又算余了一文钱；德业并增，则家私日起。至于功名富贵，悉由命定，丝毫不能自主。……此可见早迟之际，时刻皆有前定，尽其在我，听其在天，万不可稍生妄想。六弟天分较诸弟更高，今年受黑，未免愤怨，然及此正可困心横虑，大加卧薪尝胆之功，切不可因愤废学。九弟劝我治家之法，甚有道理，喜甚慰甚！

——《曾国藩家书》

第四章 温文尔雅——切切于心的通信礼仪

昨天收到二十七日的来信,非常高兴。信长而所写的事情处处详细明白。四弟七夕诗写得很好,我已将意见详细批注在诗的后面。以后多写诗也好,但要有志有恒,才能有所成就……我们这些人只有进德、修业两件事靠得住。进德就是指孝、悌、仁、义的品德;修业是指写诗作文的本领。这两件事都由自己做得了主,进一尺,便是自己有一尺得到,进一寸,便是自己有一寸得到。今日进一分德,就算积一升谷;明日修一分业,又算存了一分钱。德业共进,那么家业一天一天兴旺。至于功名富贵,自由天定,一点由不得自己做主。可见入学迟早、入学时间都是生前注定的。能不能尽力而为在于自己,能否得成听天由命,千万不可作非分妄想。六弟的天分比诸位弟弟更高些,今年收到波折牵连,难免心生怨愤,而这正会引发困顿心智,横生忧虑。应加强功夫,卧薪尝胆,千万不可因气愤而荒废学业。我看到九弟劝勉我的治家之法,说得很有些道理,非常高兴,很是欣慰!

🔔 华礼观点

01 源远流长——最早的书信出现在什么时候,发展是什么时候?

我国古代先秦时期就有书信产生。古代官府规定民间只准用一尺长的材质来写信。写在白绢或布匹上书信,称作"尺素"。官方上下级的政令及报告文书则在使用多种形式往来。随着西方的邮政制度传到我国,书信才最终走进了千家万户。书信的历史源远流长，书信礼仪也卷帙浩繁。

02 别有雅称——古代书信都有哪些别称？

在纸张发明之前，用竹木或布帛记录书信，写在竹木片上的做"扎"或者"牍"，一般统称为"简牍"。还称尺牍、尺素、尺书、尺纸、鱼雁、雁足、桃符、简札、鲤鱼、鱼书、鲤素、鳞鸿。例如汉代王充《论衡·书解》："秦虽无道，不燔诸子，诸子尺书，文篇具在。"

用竹木来记录书信

03 人言为信——古代与现代"书信"的涵义相同吗？

在古代，"书、信"二词有别，"书"指函札，是现代所说的书信。而"信"是指使人，就是送信的使者。"信"字从人从言，是个会意字，即所谓"人言为信"，引申为信使，例如由一国派遣他国担任使命或传达消息、递送书信的人。讲礼守信的人才能成为信使。现代商务谈判双方派遣的人员正是承担了信使的责任。传达领导旨意的秘书也类似信使的角色。遵信守义，重视信

第四章 温文尔雅——切切于心的通信礼仪

誉的优良传统在现代社会仍不过时。

04 红装素裹——古代书信是如何包装的?

一般书信包括信封和信瓤两部分。古代信件包装有很多种,函、缄、书筒、双鲤木盒都是外包装。

信函——仪式感的体现

函是指封套,相当于现在的信封,一封信就称为一函。缄是指用来捆绑器物的绳索,而用绳索的目的是将器物密封或封口,书信一般是具有保密性的,也需要密封,因此就用缄来代称书信。"缄札"和"缄素"字面意思就是用绳索将写好字的木片、丝帛捆扎起来,表明是密封好的书信。唐代李商隐的《春雨》:"玉珰缄札何由达,万里云罗一雁飞。"

书筒,是指盛书信的邮筒,也用来代指书信。宋代赵蕃的

《呈季承》:"但恐衡阳无过雁,书筒不至费人思。"

书筒——郑重其事的形式体现

双鲤,是指用两块雕刻有鲤鱼图案用来放书信的木盒,它也是书信的封套。《乐府诗·饮马长城窟行》中"客从远方来,遗我双鲤鱼。呼儿烹鲤鱼,中有尺素书"。因古人常将书信结成双鲤形或将书信夹在鲤鱼形的木板中寄出,故以双鲤鱼为书信的代称。

书信木盒——存放客人最美好的寄托

赠人书信也相当于赠物,注重包装显示给予对方的礼节,精美的信封令人赏心悦目。

05 别具一格——现代与古代的书信格式有什么区别?

古代书信格式含有地位、抬头、分行、称谓、结尾。现代书信格式常用称呼、问候、正文、祝颂语、署名、日期。

每个部分的书写都应符合礼仪规范。

06 文字彬彬——作为领导人,写信时的称呼和问候,怎样有领导风范?

领导人写信的风范从称呼开始,首先要顶格书写,单独成行加冒号。称呼有古典风格与现代通用。称呼要注意礼貌,合乎身份。按其职务称为"某某局长"或"某总经理",例如,"李达康书记""达康书记"和"李书记"的称呼就有区别。姓名全称加职务是正式称谓,用于正式公函;姓加职务是省略称呼用于一般往来。名字加职务是亲切称呼,用于私人信件。

书信中的称呼是对他人的最好尊重

可按习惯称其为"某某同志"或"某先生"。例如:"小平同志"。对高龄者也可称其为"某老"。对有亲属关系的领导,不可直呼其名;对没有亲属关系的长辈,应尽量避免指名道姓,以示尊重。

07 典雅尊贵——传统书信的称谓如何使用呢?

古典文化中,对不同的对象有特定的称谓:

用于父母:膝下、膝前、尊前、道鉴

用于长辈:几前、尊前、尊鉴、赐鉴、尊右、道鉴

用于师长:函丈、坛席、讲座、尊鉴、道席、撰席、史席

用于平辈:足下、阁下、台鉴、大鉴、惠鉴

用于同学:砚右、文几、台鉴

用于晚辈:如晤、如面、如握、青览

用于女性:慧鉴、妆鉴、芳鉴、淑览

称呼的下一行空两格处书写问候语,既可单成一行,也可后接正文。

08 格词法章——古时书信中的敬词如何正确使用?

谦称与敬称是相对的称谓。对他人用敬称,对自己用谦称。

对尊长:叩叩上　叩禀　敬禀

对平辈:上敬上　谨启　鞠启　顿首　亲笔　手肃

对晚辈:字　示　白　谕　手白　手谕

书信中一般不要出现你、我、他之类的代词,这也是简慢或者缺乏文采的表现。凡是遇到类似的地方,应该酌情处理。如提及对方时,可以用阁下、仁兄、先生等代替;提及自己时,可以用在下、小弟、晚等代替;提及第三方时,一般可以用"彼"或

者"渠"表示，渠当第三人称用。

谦卑含蓄的称谓礼仪

09 文正言顺——书信正文表达应注意那五条原则？

（1）准确表达 （2）内涵丰富 （3）行文优美 （4）情真意切 （5）谦虚亲近。

正文，寄信人要向收信人询问、回答，叙述的内容，都在这里表述。这是书信的核心部分。文辞应力求谦和高雅，文意准确清晰。

10 完美收官——书信的结尾如何画龙点睛？

（1）呈送祝福。

结尾一般要写些表示祝愿或敬意的话。可以在正文写完后，紧接写"此致"，再转一行顶格或空两格再写"敬礼"。不写"此致"，只是另起一行空两格写"敬礼""平安""祝×××"等敬辞也可以。有"敬颂钧安""即问近好""春安""日祺"等。

因辈份、性别、职业的差别，祝愿词在章法上有严格的区别，比较常用的有以下四种。

用于父母长辈：恭请福安，叩请金安，敬请福祉，敬颂颐安；

用于师长：敬请教安，敬请教祺，敬颂诲安；

用于平辈同学：即问近安，敬祝春祺，即颂文祺，顺颂台安；

用于女性：敬颂绣安，恭请懿安；

祝愿词的主题，是希望对方幸福、平安。上面列举的祝愿词中，禔、祉、祺等都是福的同义词；绥也是平安的意思。明白于此，就可以视需要选择、搭配使用。

（2）谦虚署名写在结尾右下方后半行的地方。可加上自己的身份。如：小妹、愚兄等，不必写姓。

（3）标注日期结尾，名字后边或名字下一行署上发信日期。

11 行文情先——为何古时写完提称语之后不可直接进入正文？

书信的功能之一是沟通彼此地情感，因此，在提称语之后不直接进入正文，而是要用简练的文句述说对对方的思念或者仰慕之情。

12 书短意长——正文写完后还有其他内容需要补充该怎么办？

附言或补遗，信写完以后，发现还有内容要补充，可以加在后面。为醒目起见，常见"另""又"或"还有"开头。或先写附加内容，最后注明"又及"或"某某（写信人的名字）又及"作为结束。附告详细地址；托带问候的话，如"某某附笔问安"；附件说明，信中附有照片、票据等。均在日期下边空两行、距右边线两格开始书写。

13 林林总总——日常书信有哪些种类？

日常纸质书信一般分有：一般往来书信，专用书信如：感谢信、表扬信、慰问信、介绍信、公开信、证明信、申请书、建议书、倡议书、聘请书等。

曾经在历史上发挥重要作用的电报，也属于书信范畴。

14 经典传颂——古代传信的方式有哪些？

鸿雁传书、鱼传尺素、青鸟传书、黄耳传书、飞鸽传书、风筝通信等，其中有很多浪漫故事在民间广为流传。

15 秀形于外——信笺的款式有哪些？

现在通常使用的信笺有横竖两种款式。竖式信笺，又称中式信笺，是我国传统的信笺款式。横式信笺，又称"西式"信签，是今天常用的款式。

中式信笺——竖式

16 急中有别——传统书信中，"鸡毛信"是什么意思？

传递信件很早就对加急信有特别处理，称为"鸡毛信"。如果有需要迅速传送的公文、信件，会在上面插上鸡毛。插1根的是急件，2根则上升加急件，看到插3根信件，它一定是最高级别的紧急件。

17 见字如面——把涂涂改改的信文发送给收信人会传递出什么信息呢？

通常人们把阅读书信当作与写信人做思想感情交流的重要方式。写信人在字里行间所表达出的信息都会被读信人当作是彼此直接的交流。不整洁的、潦草行文的书信就像是面对面的胡乱说话，给人留下思绪混乱、行事能力有限的印象，还会让对方认为书信里的内容并不重要进而忽视来信，甚至会让读信人产生被怠慢的情绪。

18 美笺悦目——写信只要是写在纸张上就可以吗？

信纸不规范、不整洁是不合适的。不可以用随手拿到的纸张、纸片，或是带有其他文字的纸张。也不可以撕扯得犬牙交错。邋邋遢遢的纸张体现的是对收信人的藐视。更不可用公函纸写私人信件，这既是礼仪要求，也是人格修养的表现，而且是国际惯例。

第四章 温文尔雅——切切于心的通信礼仪

📇 案例赏析

鲁迅致母亲

母亲大人膝下，敬禀者，日前寄上海婴照片一张，想已收到。小包一个，今天收到了。酱鸭、酱肉，昨起白花，蒸过之后，味仍不坏；只有鸡腰是全不能喫了。其余的东西，都好的。下午已分了一份给老三去。但其中的一种粉，无人认识，亦不知喫法，下次信中，乞示知。上海一向很暖，昨天发风，才冷了起来，但房中亦尚有五十余度。寓内大小俱安，请勿念为要。

海婴有几句话，写在另一纸上，今附呈。

专此布达，恭请金安。

男树叩上广平及海婴同叩
一月十六日

赏析：字里行间，文简情深之态，清晰可见。言语温文尔雅，彬彬有礼。"敬禀者"表示鲁迅以诚恳的态度恭敬地向母亲禀陈事情。下面是所要禀告的话。它代表中国书信文化的特色。

📇 趣味贴士

先秦两汉人写信，形式比较随便。到魏晋时期，开始有人撰作"书仪"，既各类书信的格式，以供他人写信时套用，而逐步被流传固化下来。迄今所知最早的书信格式，是晋代书法家索靖书写的《月仪》。

战国时期乐毅的《报燕惠王书》、鲁仲连的《遗燕将书》、李斯的《谏逐客书》等,都已是传诵千古的名篇。但先秦两汉人写信,形式比较随便。至迟到魏晋时期,开始有人撰作"书仪",就是各类书信的格式,以供他人写信时套用。这类文字在魏晋到隋唐之际非常流行,据《隋书·经籍志》记载,谢元撰有《内外书仪》四卷,蔡超撰有《书仪》二卷。《崇文总目》称王宏、王俭、唐瑾,以及唐裴茝、郑余庆,宋杜有、刘岳尚等都有《书仪》传世。此外还有专供夫人、僧侣使用的《妇人书仪》《僧家书仪》等。有学者在敦煌文献中发现了上百件"书仪"类文书,比较著名的有郑余庆书仪、杜友晋书仪等。迄今所知最早的书信格式,是晋代书法家索靖书写的《月仪》。

华礼语录

1. 鸿来雁往传真情,你来我往常沟通。

2. 鸡毛信件急,千里最相思。

3. 书信,只要发出,就能收到;行动,只要出发,就能到达。

4. 寥寥数语三两句,可见真真切切;洋洋洒洒千万言,足见缠缠绵绵。

5. 书信是可以用手触摸的情感。

6. 当逃避书写文字时,是话语没有注入脑中定格的思想。

7. 写信是最典雅的沟通。

8. 我们用书信沟通得很好，反映了我们对传递信息的思维能力架构有多好。

9. 世界上最常青的盼望，都写在信笺上。

10. 爱情是友谊的精华，书信是爱情的妙药。——詹•豪厄

11. 尺素在鱼肠，寸心凭雁足。——王僧孺

12. 一行书信千行泪，寒到君边衣到无。——陈玉兰

13. 寄书除是雁来时，又只恐，书成雁去。——杨炎正

14. 故人应在千山外，不寄梅花远信来。——宋•苏轼

15. 烽火连三月，家书抵万金。——唐•杜甫

16. 乡路音信断，山城日月迟。——唐•白居易

17. 不见乡书传雁足，惟见新月吐蛾眉。——唐•王维

18. 伟大的情书只写给伟大的女性。——埃•哈伯德

19. 鸿雁几时到，江湖秋水多。——唐•杜甫

民俗谚语

1. 洪乔捎书——不可信也

2. 唐僧的书——一本正经（一本真经）

第五章
揖让周旋——灵活多变的出行礼仪

孔老夫子在 2 500 多年前,周游列国,坐着马车一路颠簸,不知走了多少崎岖不平的道路。足见驾车是一项很有技术含量非常的技艺,故而驾车素有"五驭"之说——鸣和鸾、逐水曲、过君表、舞交衢、逐禽左。当今科技的发展日新月异,车辆的形式早已不是古代一辆马车的样子了,可是驾车及坐车的礼仪可不能逊色于古人啊!客人到来,作为领导,是否能够适时适度的引领客人呢?总不会让客人先进电梯吧?如此一来,客人还会参观贵单位吗?这时的客人,恐怕已经觉得兴致全无了。但是,作为领导,您注意到这些细节了吗?礼仪,可是别人看在眼里,记在心里,却永远也不告诉你的那个细节哦。

领导者须知

乘车时"或饮食,或坐走,长者先,幼者后"的"恭谦礼让"是领导素养的体现,是浅显的道理;乘梯时的"揖让周旋"足见一个领导的运筹帷幄能力,是个人魅力的展现;而参观过程中的"应对进退"则是一个领导才思敏捷的具体体现,此三者,皆领导礼仪之必须也!

现代社会变化日新月异,发展速度惊人,如此快的发展速度,使得汽车进入千家万户,不论是公司运行,还是私人生活,汽车已经变成了生活中不可或缺的交通工具,然而,作为一名领导,其礼仪素养是否与自己的座驾相匹配呢?

领导者须知

  汽车,移动中的办公室,前进中的会客厅。领导者,是否能够在这样狭小空间里游刃有余地处理好与汽车相关的礼仪问题呢?它可不仅仅是彰显您财富的道具,更是体现您素养的一张名片哦。

  作为领导,运筹帷幄之中,决胜千里之外。一切尽在掌控之中,一切均在预料之内。作为领导,对于礼仪的运用是否也像公司的决策一样自如呢?

领导有礼

第一节 坐观成败——不容忽视的乘车礼仪

📖 古语导读

骑下马,乘下车,过犹待,百步余。

——《弟子规》

当我们路途中遇见长者、老师或朋友,自己乘车时,应该下车,骑马时,应该下马,等待对方离开我们,大约百步之遥后,我们才可以离开。可是,现在很多人根本无视长者的存在,见到长者、老师或者向他人问路时,连车都不下,车窗玻璃都只摇下来一条缝,问路完毕,恐怕连声谢谢都不说一声,绝尘而去,更遑论"过犹待,百步余"了。

📑 背景阐述

01 来龙去脉——以上内容出自《弟子规》的哪部分?《弟子规》的思想源于哪部典籍?

以上内容出自《弟子规》的《出则弟》部分。而《弟子规》

又出自《论语》学而第一篇的第六章,内容是:子曰:"弟子入则孝,出则弟,谨而信,泛爱众,而亲仁。行有余力,则以学文。"

02 车来车往——古代人出行乘坐的交通工具有哪些?

"陆行乘车,水行乘船,泥行乘橇,山行乘檋",是对古代几种主要交通工具性能的总结。交通工具,总体而言,可分为畜力和人力两大类,畜力交通工具有骡车、牛车、驴车、羊车、大车、驴、骆驼、马等。人力交通工具有船、人力车、三轮车、轿子、扛肩、担挑、冰床等。

03 恭敬有礼——为何见到长者要下车呢?

当我们路途遇到长者后,为了表示恭敬有礼的姿态,需要停车下马。因为通常情况下,在车上或马上向站在地上的人行礼,是不礼貌的,因为就位置而言,行礼者应该在下位才能体现出"自卑而尊人"的礼仪本质;就姿势而言,在车上或马上行礼,不便于作揖、鞠躬和握手的礼仪的施行。所以,在很多地方的孔庙、京城国子监等处有"文官下轿,武官下马"的说法,道理即在于此。

🔔 华礼观点

01 举措必当——现代商务接待适合用哪些车?

商务四座轿车

中巴汽车

大巴汽车

现代商务接待车辆众多,有大巴、中巴的小型汽车、SUV、普通轿车。在比较正式的场合,以4座或5座的轿车为主。

02 先后有别——谁先上下车更为妥当?

上下轿车,就基本要求而言,如果条件许可,应该邀请尊长、女士、来宾等重要人物先上车,后下车。其中,还有若干细节需要注意。

(1)如果是主人亲自驾驶轿车,根据情况,主人需先上车先下车,如此一来,便于照顾客人上下车。

(2)如果乘坐由专职司机驾驶的轿车,并与同行人并列坐在后一排时,应该请尊长、女士、来宾等重要人物于右侧车门先行上车,当安顿好别人后,自己则从车后绕到左侧车门上车。下车时,与此相反。

(4)考虑上下车方便起见,坐在离车门最近折叠座位上的人,要最后一位上车,当下车时应该第一位下车。

(5)当乘坐多排座轿车时,通常以距离车门的远近为先后顺序,上车时,离车门最远的人先上,其他人由远及近依次上车;下车时,与此相反。

尊长优先上车

03 物有定位——随车行李怎么放?何时替对方拿行李?

随车行礼要放在车辆的后备箱内,堆放要整齐有序、平放、紧靠。特殊易碎品、液体状物品及珍贵文物要有专用包装盒或包装箱,必要时需用绳子捆扎,还要考虑哪些物品可能需要中途先放下的情况,要将其放置于离后备箱盖开启处最近的地方。

当接到客人时，应该先和客人打招呼握手，经得对方最终同意后，再替对方拿行李。应该注意的是，对方的手机、手提包等贵重私人物品，通常由客人自己拿，尤其是女性，更应该注意这一点。

随车行李放于后备箱

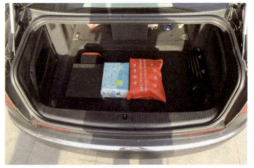

确保后备箱整洁干净，物品摆放整齐

04 有德有位——上车后怎么坐合适？

就4座或5座轿车而言，副驾驶座背后的座位为最尊位。就越野车而言，副驾驶座为最尊位，因为座位越往后，车辆颠簸越厉害。当驾车人是主人时，主要的客人要坐在副驾驶位。当驾车人是专职司机时，主要的客人要坐在副驾驶后的座位。当坐中巴时，离上客门近的位置为最尊位，这样，便于重要客人上下车。

05 一尘不染——车上应保持怎样的环境？

作为接待重要领导的车辆，车内外必须保持环境整洁如新，不得有卡通装饰物贴画及挂件，亦不得放置卡通宠物玩具等。必要时，车内需喷香水或放置鲜花。

06 如期而至——接送客人应该在客人到达前多长时间赶到目的地为宜？

接送客人时，需要赶在约定时间前5分钟左右到达，迟到是非常失礼的行为。如果确实因为车辆、道路等特殊原因造成迟到的，要提前通电话向对方打招呼，见面后要说明理由并致歉，请求对方谅解。

07 招手即停——如何乘坐出租车？

乘坐出租车时，要在安全的地方拦车，而且姿势要优雅，态度要谦和，下车时要感谢出租车司机的辛苦付出。需要中途停车离开时，需向司机解释清楚并征得对方许可后再中途离开。需要向对方索要发票时，态度要温和。

优雅大方地招停出租车

08 川流不息——如何乘坐地铁？

乘坐公交车及地铁时，要照顾好弱势群体，把有限的座位让给他们。上下车时要排队等候，不论社会职位高低，人人平等，正视这些细节，才能体现一个人的领导风范。

09 执鞭之士——在重要场合为领导驾车有哪五个注意事项？

在重要场合为领导驾车，在以下五方面，必须引起足够的重视，可以概括为"驾车五注意"，分列如下：

（1）尽职尽责。不在其位，不谋其政。重要场合，为上级领导驾车时，首先要摆正自己的位置，要有敬业精神，只有具备了敬业精神，才可以做好领导所交代的事情。

（2）安全至上。安全是驾车最为关键的要素，一切活动的安全是重中之重，更何况，一名领导，事关一个组织、一个团体，所以，领导的安全，不仅仅是领导本人的事，而是一个集体的事。

（3）遵守时间。作为一名领导，往往事情很多，事务安排得很满，很紧，也许耽误几分钟看似无关紧要，但是也许就这几分钟，可能会延误一趟航班，造成的损失有时候是难以估量的。

（4）严守秘密。跟随领导需要智慧，因为领导是一个单位的决策者，某些决策，可能在某些时候并不适合对外公布，所谓"阴谋不可外泄，阳谋不可内藏"是也。

（5）车辆整洁。保持车内外的整洁是其基本要求。一辆车的内部及外部保持整洁，可以让领导在雅致轻松的环境中开展工作的指导。

10 和风细雨——给领导安排座位时，如何委婉提醒领导系好安全带？

副驾驶座及后排客人和驾驶员一样，都必须系安全带，这是保障生命安全的重要举措，尤其在高速路上，安全带的作用更加明显，不容忽视。但是，在现实生活中，许多领导人并不重视安全带，这时候，就需要司机或领导下属适时、巧妙、委婉地提醒领导。

委婉巧妙地引导上级或领导系上安全带

11 风度优雅——夏天女性穿裙子上下车应该注意什么？

夏天女性穿裙子上车时，先以双手手背向下抚裙，身子先坐进车厢，再将双腿同时收进车厢内，然后轻关车门，身体坐正腰部直立或轻靠椅背，目视前方；下车时应将双脚同时踏出车门外，再将身体移出，双脚不可一前一后。起身后等身体直立以后在转身关好车门，关门时注意要目视车门，不可东张西望，一面夹住衣服、裙子、提包或他人手指等。

优雅地抚裙动作

下车时应将双脚同时踏出车门外

12 有备无患——接人时应该做好哪八项准备？

开车接人时要注意一下诸多要点：

（1）安全——出车时要注意检查车辆安全情况（如发动机和轮胎等），并加好足够的油。

（2）洁净——将车辆整体清扫干净整洁。

（3）路线——了解行进及返回路线，必要时用导航查看道路拥堵情况，要有必要的预案措施。

（4）守时——确认对方准确到达的具体时间，确保在客人到达之前提前赶到，不可让对方久等。

（5）有备——车上要备好充电器、矿泉水或饮料以及雨伞、雨衣和雨鞋等。

（6）雅乐——车上备好适合客人的音乐或视频光盘，以供客人随时享用。

（7）忌酒——酒后驾车行为是违法行为。

13 色彩斑斓——对于政务及商务接待用车可以使用彩色的车系吗？

不宜使用彩色车系，黑色系是国际通用的高级接待专用色。彩色或花色车系给人以不够庄重、不尊重他人的感觉。

黑色系的公务用车是首选

第五章 揖让周旋——灵活多变的出行礼仪

14 结伴而行——接待客人通常应该有几人前往？

接待客人通常应该1—2人同时前往，这样，便于在接待的过程中更好地服务对方。但是，当所接待的客人与主人关系十分亲密，而且有不希望太多人介入的时候，应该由主人亲自一人去接待为宜。

15 亲而有间——乘车期间沟通交流应该注意哪些细节？

乘车期间，如果是司机，简单地向客人问好即可，沿途中可以适当介绍当地的风土人情，不可喋喋不休地与客人交谈，进而影响客人的情绪或使客人旅途劳顿。

16 德音雅乐——乘车接待中车内的音量把握有哪四条原则？

乘车接待中，可以根据客人的要求，确定车内音响广播是否要关掉。通常要注意的是：

（1）满足——以满足客人的喜好为准。

（2）适中——音乐不可声音太高、太急，可以根据客人的需要选择钢琴曲、萨克斯、古筝、古琴等乐曲。

（3）识趣——当客人打电话时，需要将音乐关掉或关到最低，以不影响客人打电话为宜。

（4）隐私——当自己有电话打进来时，要征得客人同意后，再接电话，通话要简洁明了，涉及个人隐私的，要注意自己的隐私保护，而且不得在通话中有激动的行为。

17 出双入对——所接领导如有夫人或其他家人随同时如何处理？

所接领导如有夫人或其他家人随同时，注意以下几点：

（1）要征得对方同意，是否乘坐同一辆车。

（2）根据实际情况思考，是否要体现对等接待，要有女性或与对方家庭角色相近的人员参与接待。

案例赏析

有一年夏天，某广告公司的董事长杨某，接到某建材公司的招标通知，经过公司全体工作人员的一起努力，终于成功中标，签订了中标合同，业务顺利展开。一周后，杨董事长吩咐业务经理王某开车去对方公司送一份设计资料，正好在对方公司楼下停车场，遇见该公司总经理准备外出办事。于是该广告公司业务经理王某连车都没有下，直接摇下车窗递给对方资料，打了个招呼，开车就走。后来这件事被杨董事长知道后，找他谈话，由业务经理降职为业务员，王某好不容易经过三个月的努力上升为业务经理的位置，转眼间又被降为业务员。

赏析：通过这个案例，反映出来该公司小王不懂得尊重别人，不明白《弟子规》中所讲的"骑下马，乘下车，过犹待，百步余。"的深刻含义。案例中的王某，应该下车与对方打招呼，然后再递接材料。可见，商务中的细节对一个公司形象和个人发展有多么重要!

 趣味贴士

梁暖车的故事

山西省城太原,2002年冬天的那场雪,来得比以往更晚一些。雪后某天,从事平面设计的梁心明设计师,开车回家,途经道路崎岖不平的太原市晋源区晋祠路,此路段路况差,车辆少。走着走着,看见前方有一位年轻女子,搀扶者一位老太太准备过马路,于是,梁先生在马路边停好车,将二位送到古太原县城的家里,才离开。

原来,这位年轻的女士名叫车露花,也是路上遇见老太太过马路不容易,所以帮忙搀扶老人过马路的。她是从事汉服服装设计的,二人因此相识,并相恋,直到最后结婚成家。两位设计师很有感恩之心,因为这位陌生老太太而使二位结缘,当两位设计师生孩子后,特意请这位老太太给孩子取名字,老太太感念一对有良知的年轻人,给孩子取名梁暖车,分别取了两位设计师的姓氏,中间用一"暖"字,寓意孩子长大以后懂得暖人心,就和当初自己在雪后得到两位设计师暖心的关怀和照顾一样……

通过这个趣味故事,让我们更加明白,不论是开车外出还是其他方式的出行,路途上,遇见别人需要帮助时,一定要及时帮助。让我们做一位有礼行车人。

华礼语录

1. 行车常想步行人,红绿灯前让三分。

2. 开车常想乘车人,乘车常想开车人。

3. 接站如见大宾,送客如送亲人。

4. 座次有顺序,宾主别尊卑。

5. 火车如同爬爬虫,汽车好似甲壳虫,无礼乘车毛毛虫。

6. 有礼行车让三分,无礼开车抢不停。

7. (人的)素质要与(车的)品质相符,(人的)素养要与(车的)保养同步。

8. 你在车内看风景,你就是风景。

9. 上下车的仪态,可以见你的修养在哪里。

10. 宁等一列车,不抢一扇门。

11. 礼者让人,智者守序。

12. 规矩之内,自由翱翔。

13. 只要出发,就能到达。

14. 只要把握方向,就不怕迷失目标。

15. 与其加足马力,不如找准方向。

16. 刹车盘告诉你人要懂得知止,方向盘告诉你人要看懂目标。

17. 车里向外看,全是风景;车外向里看,窥人隐私。

18. 乘车论座次,礼让显修养。

19. 执鞭之士迎来送往,有识之士雉来雁往。

民俗谚语

1. 车有车道，马有马路。

2. 道儿是人走出来的，辙儿是车轧出来的。

3. 千里之行，始于足下。

4. 有饭休嫌淡，有车休嫌慢。

5. 汽车前的大眼睛——顾前不顾后。

6. 黄鼠狼挡汽车——自不量力；不自量。

现代社会高楼林立,电梯,作为上下楼必备的立式交通工具,其作用自然不可小觑。然而,在每天进出、上下的狭窄空间里,暗藏着大学问与玄机,所以,电梯礼仪与电梯安全一样重要。作为一名组织的领导,几乎每天都要在电梯里进进出出,随时随地都在考验一位领导的素养。那么,作为领导,您愿意在这小小的空间里失分吗?

领导者须知

子曰:"政者,正也。子帅以正,孰敢不正?"(《论语·颜渊》)。即使是电梯里的狭小空间,也是体现一个领导人风范的地方。以小见大,由浅及深,从表到里,一个小小的动作,同样可以让您的下属感受到领导人的风度与儒雅,也同样能让领导人在下属面前失分。也许您已进入电梯里了,但您的下属正在电梯外面议论您呢。君子当慎独,更何况,您是公众人物呢?

第二节　进退自如——行走之间的电梯礼仪

📖 古语导读

凡与客入者，每门必让于客。

——《礼记·曲礼上第一》

如果客人同主人地位相等，主人就应当到大门外去迎接客人；如果客人的地位低于主人，主人就在大门内迎接。此处的"与客入"，表明主人是迎客于大门外。凡入门，主人与宾客当互行揖礼，而后主人先入，表示为宾客做引导，但是，主人入门前应当先让宾客，而宾客则一再推迟，然后主人先入以便导引，宾客则随后进入。尽管时过境迁，当代生活的形式和古代社会大不相同，但这样的礼节，同样适合当今的电梯礼仪。

📑 背景阐述

礼之根本——何谓《礼记》？

《礼记》亦称《小戴礼记》或《小戴记》，共计49篇，是一部先秦至秦汉时期的礼学文献选编。该书最初为西汉时期的戴圣所纂辑。《礼记》一书，广泛讨论了礼的本质、理论、运用等诸多问题，富有很强的哲理性，为后人留下了研究古礼弥足珍贵的思想资源与学术素材。尽管在古代社会没有电梯，但是，其礼仪的基本概念在当今社会依然适用。

华礼观点

01 量入为出——进出电梯有哪些学问？

进出电梯，应该以电梯内的人出来之后，站在外面的人才可以陆续进入。否则，容易造成拥堵现象，同时，这也是一种礼让的行为。

引导领导进入电梯时的动作规范

02 安全为本——当有领导进出电梯时，作为下属，您需注意哪些安全常识及礼仪常识呢？

进出电梯时，需要注意：

（1）当电梯门打开后，不要拥挤，下属应先进入电梯，控制好按钮，然后再请领导进入。

（2）当电梯达到重量负荷极限时，报警器响起，这时，要迅速走出几人，保证电梯的安全负荷。

（3）当电梯门开始合上时，不可以强行进出。

（4）进出电梯时，不可以推搡对方。

03 彬彬有礼——电梯里如何向对方行注目礼？

电梯里空间狭小，应该以欣赏的目光去看对方，但不可以一直看着对方。如果对方是女性，更不可以长时间看着对方，尤其是其敏感部位。

04 密而有疏——电梯里如何保持恰当的身体距离？

在上下班高峰期，上下电梯的人很多，而且进出电梯也特别频繁，如果是女性，建议用书、文件夹或包挡住自己胸部和嘴部。而且电梯内的人最好一致将面部对着电梯门，以免尴尬。

保持恰当的身体距离

05 旁若无人——电梯里可以大声说话吗？

电梯里大声说话是非常不礼貌的，因为电梯属于公共空间，凡是乘坐电梯的人，均应该注意自己的形象，也应该注意他人的情绪。

06 说长论短——电梯里是否可以谈论他人秘密和公司机密？

电梯里是谈论他人秘密是非常不礼貌的行为，《弟子规》中有讲："人有私，切莫说，人有短，切莫揭"。道理即在于此。电梯里谈论公司机密，也是对自己和公司非常危险及不负责任的行为。

07 站有站位——电梯里如何保持恰当的站位？尤其是与领导和客户之间的站位如何处理？

电梯里站立要稳，保持身体直立，不可斜靠墙壁、扶手，更

第五章 揖让周旋——灵活多变的出行礼仪

不可以背靠电梯门，那样很危险。当有领导或客户时，（尽量靠近后方或者两侧）可以站在其稍后一点，把尽可能多的空间留给他人。

在电梯中保持恰当的站位

08 悦己悦人——电梯里是否可以当着别人的面化妆或换衣服？

电梯里是否可以当着别人的面化妆或换衣服，是表现不雅的行为，尤其对女性而言，显得很轻浮，难以赢得他人的尊重。

在公众场合和电梯里化妆视为不雅

09 长先幼后——电梯里遇到长者或特殊群体应当如何对待?

电梯里遇到长者时,要想对方问好,并微笑面对对方,对于特殊群体,要提供力所能及的帮助,帮助其上下电梯。

10 留有余地——当跟随领导进电梯时携带的物品应当有哪些注意事项?

进电梯时携带的物品,应该考虑是否超宽超高超长;是否有尖锐的部位,容易伤害到别人;是否为贵重或易碎物品,以免因为触碰到领导或人多拥挤掉在地上而毁坏。

尖锐物品避免触碰到上级或领导

11 翘首以盼——陪领导等候电梯时要注意哪些问题?

等候电梯时站在电梯门一侧,不要站在电梯门中间,从而影响其他客人进出电梯。《礼记》中"立不中门",就是担心挡了别人的路,对别人造成不便,尤其对于领导及重要嘉宾更要注意这一点。

12 掌控未来——进入电梯后由谁控制电梯按钮?

当进入有人值守的电梯(如医院等)时,需尊重值守人员的劳动,可以把希望到达的楼层号告诉对方,并表示感谢;进入无人值守的电梯后,应该由陪同人员控制电梯按钮,电梯到达后,请领导及嘉宾先出电梯,自己紧随其后并引导对方到达目的地。

13 将心比心——电梯里可以吸烟或吃零食吗?

电梯里吸烟或吃零食,均是不礼貌的行为。尤其吸烟,对他人的伤害更大,应该杜绝此类事情发生。

14 宠爱有度——携带宠物进电梯时应注意哪些事项?

携带宠物进电梯时,要用绳子将宠物拴好或抱好,以免伤及他人,要及时清理干净宠物的大小便。

15 规矩方圆——手扶式电梯的基本规则是什么?

立式电梯的基本规则相对比较简单,那就是有的人和箱包靠右,留出左侧,供有急事的人急时通过。

案例赏析

针锋相对的故事

在山西太原某宾馆,有一家中医养生会馆,专业以非遗项目——八卦挑针疗法给患者疗病。该养生会馆有一位学徒李小霞,有一次下班回家,电梯内人较多,她进入电梯后不久,忽然听到有人大喊一声:"哎呀,疼死我了。"大家不约而同的向她看去,原来他被李小霞毛衣上沾的一根用于挑针疗法的针头不小心划了一下。李小霞连忙道歉,才得到对方的谅解。

通过这件事,提醒我们进入电梯时,要注意我们随身携带的物品,是否会对他人造成不便,或者无意间伤害到别人。这也是乘坐电梯应该具备的礼仪之一。

趣味贴士

电梯提示音

早上上班挤电梯,结果们快关了,一个身材较胖的女人冲上来。这时候,所有的人都听到滴的一声。然后那个女的愣了一下,很不好意思的下去了。电梯门关上后,旁边的那个男的手机又滴的响了一声,大家都笑了……

第五章 揖让周旋——灵活多变的出行礼仪

📒 华礼语录

1. 有上必有下，有内必有外，有进必有出，有密必有疏。

2. 行远必自迩，登高必自卑。

3. 上上下下的奔波，换来进进出出的忙碌。

4. 先下后上，先出后入。

5. 规矩之内，自由翱翔；方寸之间，游刃有余。

6. 要想登高望远，请您更上一层。

7. 手指一点，楼层自选；轻松到达，片刻瞬间。

8. 挤出空间再进一人，挤出时间再上一层。

9. 电梯空间很狭小，打个招呼问声好，彼此注目且微笑，邻里相处很友好。

10. 电梯，联结上下陌生人，互动左右邻里家。

11. 缓揭帘，勿有声，宽转弯，勿触棱。——《弟子规》

12. 斗闹场，绝勿进。——《弟子规》

13. 将入门，问孰存。——《弟子规》

14. 过犹待，百步余。——《弟子规》

15. 上上下下要左右逢源，进进出出须里外兼顾。

16. 开合之间，风景尽不同。

17. 微微笑，欢迎光临；挥挥手，下次再来。

18. 人生天地之间，若白驹过隙，忽然而已。——《庄子》

民俗谚语

1. 高楼的电梯——能上能下
2. 步行上高层——不怕（爬）
3. 坐电梯上天空——空中梦想
4. 太空飞船里安电梯——登天的梯子
5. 平地搭梯子——无依无靠
6. 矮子爬楼梯——巴不得

子入太庙，每事问。或曰：孰谓鄹人之子知礼乎？入太庙，每事问。子闻之曰：是礼也！孔子进入太庙参与国家祭祀大典的时候，每件事、每个细节，包括站在哪，坐在哪……都要仔细询问。这时有人就嘲笑孔子说，谁说鄹地的那个小子懂礼知礼？我看他什么都不懂，到了太庙以后，东问西问，什么都不知道啊！孔子听说以后，认真地说道：这正是懂礼的表现！

领导者须知

商务与政务活动中，去别的单位参观或请别人到自己单位参观，是一件很平常的事。但是，我们必须谨记圣贤教诲"非礼勿视，非礼勿听，非礼勿言，非礼勿动"。

第三节　胸有成竹——井然有序的参观礼仪

古语导读

房屋清，墙壁净，几案洁，笔砚正。

——《弟子规》

书房、卧房都要保持清洁、干净，墙壁也要干净，给自己创造一个良好的读书环境。桌面上笔墨纸砚等文具要放置整齐，不得凌乱。触目所及皆是井井有条，这样才能静下心来读书，也能接待访客。

背景阐述

01 古代文房四宝指什么？

笔，墨，纸，砚。

文房四宝

02 《弟子规》创作的源头是什么？

《弟子规》来源于：子曰："弟子，入则孝，出则弟，谨而信，泛爱众而亲仁。行有余力，则以学文。"出自《论语学而1.6》

《弟子规》

03 《弟子规》是由谁创作的，谁改编的？

创作：李毓秀，字子潜，号采三。

改编：贾存仁。

04 《弟子规》有多少章节？

七个章节,分别为：入则孝，出则悌，谨，信，泛爱众，亲仁，余力学文。

05 《弟子规》仅仅是教育孩子的吗？

不是。《弟子规》不仅仅教育孩子，也是父母、成人的行事准则。

华礼观点

外单位客人到本单位来访，无论是办事、求助，还是取经、调研等，一般都是在室内进行参观接待，在办公室里接待客人，应注意以下礼仪：

01 有备无患——客人来访前我们应该做哪些准备？

（1）保持办公室优雅环境。

客人来访，一般是会早打招呼、早有约定的。得知客人来访消息后，应早把办公室收拾得干净利落。冬季要温暖，夏季要凉爽。茶水早备好，对有的客人还可备些水果。

整洁干净的办公室

（2）准备好有关材料。

有关客人来访的目的，一般对方早已提前告知，应根据双方商定的会谈事宜，或客人的请求，让有关人员早做准备。需要什么数字、情况、资料，事先提供出来，该打印的打印，该论证的论证，该先拿出初步意见的先统一内部口径。

02 从容自若——客人来访中我们应注意哪些礼节？

客人到来，要有如引导、倒茶倒水、留饭宴请的招待等的礼仪接待人员，在与客人会谈过程中，无关人员应自动退避。礼仪服务人员，应敲门而进，倒茶续水，取换毛巾，进行服务；但服务不应影响主客双方会谈，要保持现场的安静。服务完毕应轻轻退出。

为客人周到服务

03 截镫留鞭——客人来访后我们应该做哪些工作？

若客人办事已毕要走，客人若自备车辆，行政人员可早些通知司机。若需本单位送回，需要早做车辆安排，勿使久等。

可视情况，决定送至办公室门口或单位大门口，送别时应说些客气话："欢迎再来""欢迎常联系""接待不周，请多原谅"等。

04 历阶而上——上下台阶的礼仪？

（1）行走讲究次序。

上下台阶，应注意一步一阶，不要并排而行，挡住后人；上楼梯时，应让尊者或女士走在前面；下楼梯时，尊者或女士应走在一人之后。

引导客人的次序要注意

（2）注意安全。

雨天地面潮湿，台阶容易湿滑，上下台阶不要推搡前面的行人或硬行抢道。

05 婉婉有仪——参观时的行走礼仪？

（1）行走路线要固定。

参观时，行走的路线应尽量为直线。到了关键需要变向的地方，提前做好引导手势，如果不是寻找失物，就不要在行进中左顾右盼，东张西望。

引导客人的手势要专业

（2）遵守行走规则。

步行要走人行道，行人靠右，并且让出盲道。两人并行的时候，右者为尊；多人并行时，下属尽量不要超过领导者的脚后跟；两人前后行的时候，前者为尊；三人并行，中者为尊，右边次之，左边更次之；三人前后行的时候，前者就是最为尊贵的。

（3）行走要有风度。

男女同行的时候，男士应该主动走在靠近街心的一边，让女士靠自己的右侧行走。街上行走时，随带物品最好提在右手上。

06 依依惜别——参观后送别客人要注意什么？

（1）无论接待什么样的客人，当客人准备告辞时，都要婉言挽留，不要客人一说要走，主人马上站起相送，或者起身相留，这都有逐客之嫌。

（2）送客时应送出门外或送到楼下，重要的客人要目送到看不见为止。正如《弟子规》所言"骑下马，乘下马，过犹待，百步余"，古人是目送百步有余呢！不要在客人走时无动于衷，或点点头或摆摆手算是招呼，这都是不礼貌的。

（3）最后，还要用热情友好的语言欢迎客人下次再来。

07 对号入座——参观过程中如何安排入座？

（1）入座有礼仪，作为客人一定要认真观察，看好主座和次座，千万不要随便乱坐；

（2）客人要懂礼守礼，按规矩坐；主人更要详细指引，千万不要说随便坐；

（3）落座，应该是主人先坐，但如果客人身份比主人高出很多时，应该请客人先坐。

第五章 揖让周旋——灵活多变的出行礼仪

入座时要优雅、得体、大方

案例赏析

一天下来,美国约瑟先生对于对手——中国某医疗机械的范厂长,既恼火又钦佩。这个范厂长对即将引进的"大输液管"生产线行情非常熟悉。不仅对设备的技术指数要求高,而且价格压得很低。在中国,约瑟似乎没有遇到过这样有实力的谈判对手。他断定,今后和务实的范厂长合作,合作一定能顺利的。

于是信服地接受了范厂长那个偏低的报价。"OK!"双方约定第二天签订正式协议。天色尚早,范厂长邀请约瑟到车间看一看。车间井然有序,约瑟边看边赞许地点头。走着走着,突然,范厂长觉得嗓子里有条小虫在爬,不由得咳了一声,便急匆匆地向车间一角奔去。约瑟诧异地盯着范厂长,只见他在墙角吐了一口痰,然后用鞋底擦了擦,油漆的地面留下了一片痰渍。约瑟快步走出车间，不顾范厂长的竭力挽留，坚决要回宾馆。

第二天一早，翻译敲开范厂长的门，递给他一封约瑟的信："尊敬的范先生，我十分钦佩您的才智与精明，但车间里你吐痰的一幕使我一夜难眠。恕我直言，一个厂长的卫生习惯，可以反映一个工厂的管理素质。况且，我们今后生产的是用来治病的输液管。请原谅我的不辞而别，否则，上帝会惩罚我的……"

范厂长觉得头"轰"的一声，像要炸了。

案例分析：一个非常微小的失礼，就会给别人对你的印象产生非常大的影响。

趣味贴士

"曾子避席"出自《孝经》，是一个非常著名的故事。曾子是孔子的弟子，有一次他在孔子身边侍坐，孔子就问他："以前的圣贤之王有至高无上的德行，精要奥妙的理论，用来教导天下之人，人们就能和睦相处，君王和臣下之间也没有不满，你知道它们是什么吗？"曾子听了，明白老师孔子是要指点他最深刻的道理，于是立刻从坐着的席子上站起来，走到席子外面，恭恭敬敬地回答道："我不够聪明，哪里能知道，还请老师把这些道理教给我。"

在这里，"避席"是一种非常礼貌的行为，当曾子听到老师要向他传授时，他站起身来，走到席子外向老师请教，是为了表示他对老师的尊重。曾子懂礼貌的故事被后人传诵，很多人都向他学习。

第五章 揖让周旋——灵活多变的出行礼仪

华礼语录

1. 登城不指，城上不呼。
2. 一个人在参观时必须带上知识，如果他想带回知识的话。
3. 言之不文，行之不远！
4. 文明参观一小步，和谐共处一大步。
5. 为客人设计好的参观，就等于最好的自我介绍！
6. 精心设计的参观考察，就是企业最好的品牌输出！
7. 参观使人愉悦，礼节使人高尚。
8. 拜访前，事先预约，不做不速之客。
9. 拜访时，如期而至，不做失约之客。
10. 如果你不出去走走，你就会以为这就是世界。
11. 读万卷书，行万里路。
12. 有序参观，宜疏不宜堵。
13. 一草一木一风景，一言一行一文明。

民俗谚语

1. 登门拜访，入乡随俗。
2. 文明参观，惠及你我。
3. 礼让三分，和谐十分。
4. 多下及时雨，少放马后炮。
5. 关帝庙里拜观音——找错了门
6. 小胡同扛毛竹——难转弯

中国东方礼仪研究院

中国东方礼仪研究院（China Oriental Etiquette Training Institution），是从原中华文化研究院事业编制改组而来，由华英雄任首任院长。研究院专注礼仪文化的研究与发展，致力于传播中国传统礼仪文化，提升中国企业礼仪服务素养和效能。目前，美国、加拿大、新西兰和国内20余省（市、区）已成立分院，关联公司数十家，拥有正规教育培训资质。10余年来服务过的公司和个人超过10万人次，旗下礼仪服务平台（www.liyi.net）已开通免费礼仪课程视频，目标成为全世界最大的公益礼仪培训机构之一。

中国东方礼仪研究院与华东师范大学经济管理学院合作办学，常年在华东师范大学开设礼仪师资班、演讲口才班，以全球华人十大礼仪培训师华英雄教授领衔的专家团队，多年来一直专注于国际礼仪和中华传统文化研究，使之有机结合，专注于传统古礼的现代应用研究，在形体梳理、形象魅力、服饰妆容、色彩搭配、礼仪体态、优雅品味、两性关系、心灵拓展、沟通艺术、亲子教育方面提供专业服务！服务组涉及华师大各类礼仪师资班、ACIC国际礼仪培训师证书认证、商务礼仪实战训练、少儿行为习惯辅导以及训练、企业定制美才女的培养和输出、私人形象和演讲辅导等。

魅立东方，礼行天下，和谐中国！

| 01礼馨 姚军 | 02礼瑾 王超群 | 03礼玥 林丽君 | 04礼怡 孙丽媛 | 05礼才 龙玥 | 06礼琪 张雪琪 |

| 07礼明 张明 | 08礼薇 张薇 | 09礼洁 黄海燕 | 10礼仁 任雯莛 | 11礼龙 杨相琳 | 12礼佳 余佳 |

| 13礼慧 常海燕 | 14礼沁 陈沁 | 15礼白 齐冬梅 | 16礼真 王玉真 | 17礼妹 江腊妹 | 18礼璐 焦璐 |

| 19礼运 戴玉清 | 20礼乐 陈乐南 | 21礼嘉 黄彩琴 | 22礼祯 焦丽娟 | 23礼悦 周素梅 | 24礼想 郭晓丽 |

| 25礼彦 崔向彦 | 26礼玉 王玉萍 | 27礼嫦 常娜 | 28礼福 谢幸芙 | 29礼慈 凌美千 | 30礼欣 邬峰英 |

| 31礼文 周文 | 32礼雅 陈国凤 | 33礼贤 任苏静 | 34礼德 黄琼 | 35礼皓 皓文滔 | 36礼尚 黄歆然 |

| 37礼灵 孔令环 | 38礼瑟 李依洋 | 39礼爱 李爱琴 | 40礼珊 侯玉珊 | 41礼涵 臧钱蓉 | 42礼荣 曾荣 |

| 43礼墨 孙科香 | 44礼韵 李春华 | 45礼玲 高建玲 | 46礼荔 黄祺荔 | 47礼品 徐洪 | 48礼同 李同 |

| 49礼和 解紫涵 | 50礼亦 杨亦燕 | 51礼果 高小荔 | 52礼英 周晓英 | 53礼鹤 李玲 | 54礼雪 郑雪梅 |

| 55礼音 冯超 | 56礼宝 齐建荣 | 57礼蕾 李蕾 | 58礼奕 韩小奕 | 59礼可 何小雪 | 60礼安 牛丽红 |

| 61礼笑 余爱玉 | 62礼红 王小红 | 63礼巧 林玲 | 64礼舒 宋文静 | 65礼静 余小琳 | 66礼遇 高胜玲 |

| 67礼恒 黄雅洁 | 68礼乾 张乾文 | 69礼梦 黄金华 | 70礼晶 白晶 | 71礼瑜 韩瑜 | 72礼貌 尹梦喆 |

图书在版编目(CIP)数据

领导有礼. 上/华英雄主编. —上海：复旦大学出版社,2018.8
华礼之光礼仪系列教材
ISBN 978-7-309-13801-6

Ⅰ. 领… Ⅱ. 华… Ⅲ. 领导人员-礼仪-教材 Ⅳ. ①C933②K891

中国版本图书馆 CIP 数据核字(2018)第 160676 号

领导有礼. 上
华英雄　主编
责任编辑/戚雅斯

复旦大学出版社有限公司出版发行
上海市国权路 579 号　邮编：200433
网址：fupnet@fudanpress.com　http://www.fudanpress.com
门市零售：86-21-65642857　团体订购：86-21-65118853
外埠邮购：86-21-65109143　出版部电话：86-21-65642845
上海丽佳制版印刷有限公司

开本 787×1092　1/16　印张 15　字数 140 千
2018 年 8 月第 1 版第 1 次印刷

ISBN 978-7-309-13801-6/C・366
定价：60.00 元

如有印装质量问题，请向复旦大学出版社有限公司出版部调换。
版权所有　侵权必究